中国科普创作大奖得主松鹰倾情

KEXUE JUREN DE GUSHI MAIKESIWEI

麦克斯韦

■ 松 鹰 著

希望出版社

图书在版编目（CIP）数据

麦克斯韦 / 松鹰著. -- 太原：希望出版社，2014.8（2019.9重印）
（科学巨人的故事）
ISBN 978-7-5379-7077-8

Ⅰ.①麦… Ⅱ.①松… Ⅲ.①麦克斯韦,J.C.(1831~1879)-生平事迹-青少年读物 Ⅳ.①K835.616.11-49

中国版本图书馆 CIP 数据核字（2014）第 154105 号

科学巨人的故事
麦克斯韦

松　鹰　著

责任编辑	谢琛香
美术编辑	白　翎
复　审	武志娟
终　审	杨建云
装帧设计	柏学玲　贾支荣
责任印制	刘一新

出　版：希望出版社
开　本：787mm×1092mm　1/16
印　张：9　180千字
标准书号：ISBN 978-7-5379-7077-8
定　价：25.00元

地　址：山西省太原市建设南路21号
印　刷：保定市铭泰达印刷有限公司
版　次：2014年8月第1版
印　次：2019年9月第4次印刷

编辑热线　0351-4922240
发行热线　0351-4123120　4156603

MAIKESIWEI

麦克斯韦是 19 世纪最伟大的物理学家、电磁理论创立人。他的成就可以与牛顿、爱因斯坦相提并论,被公认为"有史以来 10 位最伟大的物理学家"之一。他的巨著《电磁通论》总结了人类对电磁现象的认识,揭开了电磁之谜,天才地预见了电磁波,为后来无线电的诞生和发展开辟了道路。我们今天生活在电波世界中,电视、广播、无线电通讯、导航、遥控、遥测、雷达等现代新技术,都受惠于他的伟大贡献,麦克斯韦因此被誉为"电波之父"。

麦克斯韦标志着一个科学时代的终结和另一个科学时代的开始。

—— 爱因斯坦

19 世纪最伟大的两个物理学家，毫无疑问应该是法拉第和麦克斯韦。

—— 华裔科学家杨振宁

麦克斯韦的光辉名字将永远镌刻在经典物理学家的门扉上，永放光芒。从出生地来说，他属于爱丁堡；从个性来说，他属于剑桥大学；从功绩来说，他属于全世界。

—— 著名物理学家普朗克

KEXUE JUREN DE GUSHI

MAIKESIWEI

世界因他们而精彩

　　这套《科学巨人的故事》(第二辑)总共 10 本,撰写了 14 位科学巨人的传记故事。他们是居里夫人、诺贝尔、瓦特、斯蒂芬孙、富尔顿、福特、莱特兄弟、麦克斯韦、马可尼、莫尔斯、贝尔、贝尔德和爱迪生。

　　居里夫人,这位伟大女性发现的镭为癌症患者带来了福音,拯救了无数人的生命。她以自己的勤奋和天赋,在物理学、化学两个领域作出了杰出贡献,成为第一个获得两次诺贝尔奖的人。诺贝尔,这位瑞典化学家、诺贝尔奖的创立者,他一生钟情炸药,却厌恶战争,憧憬和平。他创立的诺贝尔奖,成为全世界科学精英们追求的梦想。

　　瓦特,这个英国工匠的儿子,他发明的蒸汽机带动了工业革命,使人类的生活和世界文明完全改观。"它(蒸汽机)武装了人类,使人虚弱无力的双手变得力大无穷。"在瓦特蒸汽机的带动下,矿工出身的斯蒂芬孙发明了火车,开辟了全球铁路运输事业;自学成才的工程师富尔顿,造出了世界上第一艘蒸汽机轮船,为世界航海事业作出重大贡献。福特,这个农民出身的汽车大王,他的 T 型汽车创造了一个时代的奇迹,正是他"为世界装上了轮子",使汽车从奢侈品变成大众化的交通工具。莱特兄弟,这两个想征服蓝天的美国大男孩,历尽挫折,亲密合作,最终实现了人类飞行的梦想。

　　因为他们,人类可以乘着火车、汽车、轮船和飞机,在陆地上奔驰,在海洋里畅游,在天空中翱翔。人类的生活变得便捷了。

　　麦克斯韦,这位可与牛顿、爱因斯坦齐名的英国物理学大师,他创立的电磁理论,天才地预见了电磁波,为后来无线电的诞生和发展开辟了道路,被誉为"电波之父"。我们今天生活在电波世界中，电视、广播、无线电通信、导航、遥控、遥测、雷达等现代新技术，都受惠于他的贡献。意大利青年马可尼，后来居上，成功地实现了用电波传递信息，成为举世闻名的无线电发明家。

莫尔斯，这位美国画家41岁时因受科普演讲的鼓舞，半路改行研究电报，后来竟创造奇迹，获得成功。他的发明，揭开了人类通信史上的崭新一页。有意思的是，追寻着他的足迹，苏格兰青年贝尔发明了电话，使人类"顺风耳"的梦想成真；另一个苏格兰青年贝尔德，发明了电视，让"千里眼"也变成现实。和贝尔同岁的爱迪生，这位家喻户晓的发明大王，他的留声机、电灯、蓄电池、电影放映机等上千项发明，为我们留下了宝贵的财富，也正是他的发明，让光明常驻人间。

这14位科学巨人的成才道路和创业经历，坎坷曲折，多姿多彩。他们的高尚品格和精神风貌，能给人许多启迪。如贝尔发明的电话改变了世界，但他却从不以电话发明家自居，一生致力于聋哑儿童的教育。莫尔斯、马可尼、贝尔德都是业余电子爱好者，但是他们敢想敢干，善于吸取前人的经验，最后脱颖而出，摘取了发明的桂冠。爱迪生一生从未停止过发明。他的座右铭是："我探求人类需要什么，然后我就迈步向前，努力去把它发明出来。"居里夫人热爱祖国，一生淡泊名利，倾其毕生精力从事放射性研究，并为此献出了宝贵的生命……

我们重温他们的故事，倍感亲切，深受鼓舞。他们那种为人类造福的理想，那种敢于创新的精神，那种不怕失败、百折不挠的毅力，将永远激励后人。

可以想象，如果没有他们发明的火车、轮船、汽车、飞机和电灯、电报、电话、无线电、电视，世界将不再精彩。

让我们向这些科学巨人们致敬！

2014年2月18日于成都兀岭书房

目 录

KEXUE JUREN DE GUSHI

MULU

在近代科学史上,有一位杰出的物理学家,他的成就可以与牛顿、爱因斯坦相提并论,他的名字却不大为人所熟知。

被冷落了几乎一个世纪之后,在千禧年即将到来的 1999 年底,英国《物理世界》杂志评选出"有史以来 10 名最伟大的物理学家",他的名字排在第三(前两名是爱因斯坦、牛顿)。与此同时,英国广播公司(BBC)举行"一千年来 10 位最伟大的物理学家"网上评选活动,各国人士均可参加投票,评选最后揭晓,他名列第九。

这位伟大的物理学家、思想家留着长长的胡子,神态严肃,目光炯炯,他一生只活了 48 岁,却在电磁学、光学、分子物理学、天文学等许多科学领域作出了重大贡献。其中影响最深远的是:他从理论上总结了人类对电磁现象的认识,揭开了电磁之谜,天才地预见了电磁波,为后来无线电的诞生和发展开辟了道路。我们今天生活在电波世界中,电视、广播、无线电通信、导航、遥控、遥测、雷达等现代新技术,都是通过电磁波传递信息来实现的。但在这位科学家生活的年代,人们并不知道有电磁波存在,也不相信他的预言和理论。他一生不为人理解:中学时代他的服装不为同伴理解;大学时代他的言语不为听者理解;到后来,他的学说也是很长时间没有知音。他生前的荣誉远不及法拉第,直到他死后许多年,在赫兹证明了电磁波存在后,人们才意识到,并公认他是"自牛顿以后世界上最伟大的数学物理学家"。

这位科学巨人是谁呢?他是怎样揭开电磁波的奥秘的呢?

他就是"电波之父"詹姆斯·克拉克·麦克斯韦。

我们这个故事,讲的就是他勤奋、闪光的一生……

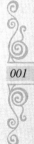

KEXUE JUREN DE GUSHI

捉住太阳的孩子

格伦莱庄园

gelunlaizhuangyuan

翻开世界地图,在英国大不列颠岛东海岸,沿着朝北的方向,可以找到一个形如象鼻的海湾,名叫福斯湾。在海湾南岸,有一座巍峨秀丽的城堡,这就是著名的爱丁堡。爱丁堡是苏格兰的古都,有着悠久的文化艺术传统,人才辈出。电话发明家贝尔、对数的发明人约翰·纳皮尔,还有以《福尔摩斯探案》闻名于世的作家柯南道尔,都是在这里诞生的。

那是1831年一个阳光和煦的冬日,在爱丁堡印度街14号的楼房里,笼罩着一种不寻常的气氛。

这幢楼房的女主人就要临产了,仆人们紧张地忙碌着。一位身材魁梧、满脸络腮胡子的中年男子,正不安地在卧室门外的客厅里徘徊。他是女主人的丈夫,名叫约翰·克拉克·麦克斯韦。他急促地来回踱步,不时向卧室投去焦灼的一瞥。客厅的正面墙上,悬挂着几幅装潢考究的画像,那是约翰先生几位祖先的肖像。他们都是声誉卓著的人物,其中有政治家、军事理论家、学者、诗人等,显然这是苏格兰的一户名门望族。

麦克斯韦的出生地印度街14号(中间的门)

约翰先生的职业是律师,但他具有工程师的气质和才能,对科学技术十分热心。由于有财产收入,他实际上很少从事律师事务,他的主要时间和精力都用在科学爱好上。这位"业余工程师"思想开阔,讲究实际,心灵手巧,多才多艺。他最大的兴趣是参加爱丁堡皇家学会的活动。此外,家里的大小事情,从房屋建筑设计、剪裁衣服,甚至到制作玩具,样样他都自己动手。他办任何事情都有自己的主见,从不怕别人议论。这种不随流俗的精神,使他赢得了许多人的尊敬。

客厅壁炉上的挂钟嘀嗒嘀嗒地响着,仿佛也在期待着。时间一秒一秒地像爬行一样,过得很慢。约翰先生的心里交织着紧张、兴奋和不安。几年前,他们曾经有过一个女孩,但是不幸夭折了。他们多么盼望有个小天使呵!

突然,约翰先生惊喜地站住了。从卧室里传出一阵婴儿的啼哭声,紧接着,医生满面微笑地走出来。

"恭喜您,约翰·克拉克·麦克斯韦先生,是个儿子!"

"好小子,他会有出息的!"——这是做父亲的第一句祝愿。

约翰先生急不可待地奔进卧室,看见刚刚来到这个世界的孩子躺在妻子的身边,两手不停地乱舞。

"亲爱的,你看,是个小淘气!"妻子弗朗西斯吃力地笑着。

"不,是个未来的探索者,我们的希望!"

小麦克斯韦,我们故事的主角,就这样来到了人间,时间是 1831 年 11 月 13 日。他父亲的话日后都成了事实,可惜他母亲没有看到那一天。

小麦克斯韦的诞生,给约翰夫妇带来了无限的欢乐和希望。他们十分疼爱这个独生子,为了使他长得更健康,夫妇俩决定把他带到乡间庄园去。于是,小麦克斯韦刚满月不久,就睡在摇篮里,随父母来到离爱丁堡城有一天多路程的格伦莱庄园。

格伦莱庄园位于苏格兰西南加洛韦地区的厄尔山谷中，距爱丁堡城100千米，面积有1500英亩(1英亩约相当于6市亩)，是麦克斯韦家族的产业。庄园四周是一望无际的丘陵，风景秀丽。当地人把这个山谷称为欢乐谷。不少上层社会人士在这里安了家，或来这里游玩度假。格伦莱庄园的建筑很别致，都是约翰先生自己设计的。石料砌成的灰楼和红色的屋顶，很远就能望见。楼房四周种满了常青树，空气十分清新。一条清澈见底的小河，从庄园里蜿蜒而过，更增添了一种天然的美。

麦克斯韦的童年就是在这座庄园里度过的。简朴的乡村生活、宁静秀美的自然风光，给了小麦克斯韦有益的熏陶。

小家伙天性聪颖，模样又讨人喜欢，父母都很宠爱他。他跟着父亲出去玩时，一张小嘴总是不停地提出各种各样的问题。沿途的所有东西，从路边的桑树、脚下的石块，到农民的穿着、表情，道旁的空马车，都成了他发问的目标。当麦克斯韦稍大一点时，提出的问题就更有意思了。比如，"大树为什么朝天上长""蚂蚁会不会说话""夏天的星星和冬天的星星哪一个多"……父亲总是耐心地回答他的问题，尽量满足他的好奇心。

麦克斯韦的母亲弗朗西斯贤淑能干，是家里的主心骨。在她的教导下，麦克斯韦很小就养成了阅读的习惯。小家伙喜欢读历史和地理，尤其喜欢文学书籍。小小年纪，他已经开始阅读莎士比亚的作品，还有弥尔顿的《失乐园》，而且能够背出其中不少章句。麦克斯韦成年之后很爱写诗，恐怕与儿时受到的熏陶有关。

每当夜幕降临，全家人经常坐在暖融融的灯光下，高声朗诵小说和诗歌。麦克斯韦的童声清脆响亮，充满稚气，脸上洋溢着天真无邪的笑容，仿佛全世界都在倾听他的朗诵。

太阳与星星
taiyangyuxingxing

小麦克斯韦的保姆,是一个善良的中年妇女,圆圆的脸,粗壮的胳膊,大家都叫她梅基。梅基常常带麦克斯韦到河边去玩耍。小家伙每次都要捡回一些稀奇玩意儿,比如,彩色花石头呀,鸟的羽毛呀,说不出名字的野花呀。

麦克斯韦3岁的时候,有一天,梅基给他一小片铁皮玩。铁皮是椭圆形的,磨得很亮,麦克斯韦很喜欢。小家伙把铁皮拿到窗前,在阳光下端详。突然,他发现耀眼的反光把整个房间都照亮了。

这一发现非同小可。麦克斯韦顿时欢天喜地,跳了起来。

小麦克斯韦和母亲(画像)

"我捉住了太阳!我捉住了太阳!"

他让梅基立即到楼上把父亲喊来。约翰先生不知发生了什么事。当他赶到楼下时,麦克斯韦忽然把铁片对着父亲,阳光反射过来,光点跳动着,照得他眼花缭乱。

"我的孩子,你在捣什么蛋呀?"父亲用手遮住阳光,笑着问道。

"爸爸,这是太阳。"儿子的小脸上焕发着光彩,他挺挺胸脯,骄傲地回答,"我用这块铁皮捉住了它!"

约翰先生被儿子天真的神态感动了。他把麦克斯韦抱起来,一下子举到空中。麦克斯韦快活得咯咯咯直笑,父亲也大笑起来。约翰先生非常高兴,因为他发现这个好问多思的儿子将来很可能对科学研究产生兴趣。后来的事实果然证实了他的判断,麦克斯韦长大后和光学真的结下了不解之缘,他在色彩学、视觉和电磁领域的重大发现,都和光有着密切关系。说起来,这"捉住太阳"的实验,可算是他生平第一项科学发现哦!

从这以后,约翰先生开始有意识地对儿子进行科学知识的启蒙教育。约翰夫人则教他写字、算术和背诵赞美诗。约翰夫人是个虔诚的天主教徒,经常给麦克斯韦讲《圣经》故事。8岁时,麦克斯韦就能背诵《圣经·旧约》里的诗篇"天主的律法赞"。这首诗是圣咏集里最长的一首,总共有176句。其中有两句隽永无穷,与麦克斯韦探索自然奥秘的一生产生了奇妙的共鸣:

> 求你打开我的双眼,
>
> 使我看出你律法中的奇妙。
>
> 我是地球上的陌生人,
>
> 不要向我隐瞒你的规则。

盛夏的夜晚,空气中夹杂着浓郁的花香,满天的星星晶亮、闪烁。麦克斯韦一家愉快地坐在楼前的台阶上,父亲抱着儿子,给他讲解一些星座的位置和名称;母亲微笑着坐在旁边,静静地听着父子俩有趣的对话。整个庄园沉浸在恬静、幸福的气氛中。

"爸爸,我能捉住星星吗?"

"你能捉住太阳,当然也能捉住星星呀!"

"可是星星没有太阳亮,怎么捉哟?"

"爸爸明天给你摘下来!"

第二天,父亲给麦克斯韦做了一张星座图——这是一个构思很巧妙的科学玩具。约翰先生不愧是一位业余科学家。他在一块长方形的厚纸板上绘制出各个主要星座的位置,每个星座都是一个希腊神话中的人或物的画像,很好看。大熊星座是一头笨拙的大熊,小熊星座是一只胖嘟嘟的小熊,仙后星座是一个飘飘欲飞的仙女,猎户星座三颗亮星正好是一个猎人身上的腰带……纸板上许多大小不等的孔代表星星,大孔表示很亮的星,小孔表示不太亮的星。

麦克斯韦接过这张星座图,惊喜得眼睛都睁大了:"嘀,天上的星星全都摘下来啦!"厚纸板是裁成几块的,有点像七巧板,每一小块的形状都不同。麦克斯韦很快就学会了把它们拼成一个整体,还能在夜晚对照着星空,指出星座图上每一个孔对应着哪一颗星星。母亲拍拍他的头称赞说:"我们的詹姆斯成了小天文学家啦!"

提琴、苹果和肥皂泡
tiqinpingguohefeizaopao

星移斗转,秋天又来了。格伦莱庄园的山谷、田野,到处点缀着暗红的秋色。

一个晴朗的下午,天空碧蓝如洗,一群健壮的村民正在收割地里的干草。他们一边劳动,一边说着笑话。不一会儿,约翰先生骑着马来了。6岁的麦克斯韦坐在他的前面,一个劲儿嚷着要和村民们一起劳动。一个身材高大、红皮肤的大汉把麦克斯韦抱下来,递给他一把木叉,叫小家伙帮着把草捆装上大车。由于装车的人很拥挤,麦克斯韦个头又矮,他举起叉子几次都戳在别人腿上,有一次差点把红脸大汉绊个仰面朝天,引得大伙都哈哈大笑。

父亲摇着头,责备麦克斯韦不小心,麦克斯韦却嘟起了小嘴,说是装车的人位置站得不好。小家伙指着草堆说:"要是把草堆排在两边,让大车从中间通过,装起来就不会拥挤了。"大家照着他说的办法一试,果然秩序井然,装得很快。村民们对小麦克斯韦的聪明感到很惊奇,约翰先生只是微微一笑。

儿时的麦克斯韦(画像)

收割完毕,庄园里照例要举行热闹的舞会,这是苏格兰民族的风俗。

傍晚,天边布满了彩霞,微风轻轻地吹着,送来干草的清香。人们穿着带花边的民族服装,戴着精致的小草帽,在草地上跳起节奏欢快的苏格兰舞。麦克斯韦也跟着父亲参加了舞会。他穿着崭新的衬衣,扎着腰带,走起路来挺神气。

可是,这个前额饱满、模样漂亮的男孩,并没有被尽情欢舞的人们所吸引。父亲发现他站在乐队旁边,两眼好奇地盯着小提琴手,似乎完全被音乐陶醉了。

小提琴手就是白天装车的那个红脸大汉。他拉完一曲后,得意地朝麦克斯韦挤了挤眼说:"小兄弟,怎么样?拉得不错吧!"

麦克斯韦的眼睛忽闪忽闪的,他的回答完全出人意料:"先生,这琴弦为什么会发出声音呢?"

小提琴手这才明白,"小兄弟"陶醉的并不是他演奏的乐曲,而是产生这音乐的科学奥秘。他顿时尴尬得说不出话来,原本发红的脸显得更红了。因为他玩了这么多年小提琴,从来没有想过这个问题。约翰先生目睹这一瞬间后,忍不住笑了。

一个成年人被孩子问住了,确实是件叫人发窘的事。麦克斯韦的姨妈珍妮,也曾落入这种难堪的境地。而对小麦克斯韦来说,好问正是他探索世界的开始。

有一次,珍妮姨妈到庄园来玩,给麦克斯韦带来一篮子很漂亮的苹果,是外地产的。麦克斯韦道过谢,挑了一个大苹果拿在手里却不吃,突然向姨妈提出一个问题来。

"珍妮姨妈,这苹果为什么是红的呢?"

"阳光照了,就会变红。"珍妮小姐随口应道。

"为什么阳光照了就会红呢?"

"问这干吗?你快吃吧!可甜啦。"姨妈开始招架不住了。

"还有,我们怎么能看出它是红的呢?"

这个问题问得更深了。它涉及人的视觉原理,已大大超出一般常识的范围了。珍妮姨妈的脸上露出了困惑之色。

"小家伙,这个问题不适合你,你还是去吹肥皂泡玩吧!"她想出了一个转移目标的办法,把麦克斯韦带到洗手间。

姨妈叫麦克斯韦在瓶子里灌上肥皂水,然后找了一根细玻璃管递给他。

"吹吧!小淘气。"她看着麦克斯韦天真的神态,很得意,心想,这样就把他的思路引到游戏上去了。

可是,当麦克斯韦吹起肥皂泡时,她才明白这下更糟糕了。因为圆圆的肥皂泡在阳光下呈现出五彩缤纷的颜色,使小麦克斯韦狂喜不已。

"哟！姨妈，这些肥皂泡多漂亮呀！"麦克斯韦大声叫道，"它为什么是五颜六色的呀？"

"……"姨妈措手不及，无言以对。

"姨妈，你说呀！说呀！"

珍妮小姐搪塞不过，只好向外甥举手投降，承认自己对有关色彩的学问一无所知，她牵着小麦克斯韦去卧室请教约翰夫人，约翰夫人也答不上来。于是，她又领着小家伙去问约翰先生。约翰先生正在书房里读书，他想了想，从书架上取出一本精装的大部头书对儿子说："这个问题牛顿解释过，不过只是初步的，你以后可以去寻求自己的答案。"

"爸爸，牛顿是谁呀？"麦克斯韦睁大了眼睛。

"一个了不起的物理学家，大权威，但不是偶像。他的观点也是可以怀疑的。"父亲虽然没有解答关于颜色的问题，却在小麦克斯韦的心里埋下了一粒种子。这粒种子在十多年以后终于发了芽，开出了绚丽的花朵……

麦克斯韦童年的欢乐是短暂的。8岁时，母亲不幸患了重病。究竟是什么病，医生一直查不出来。约翰先生请了许多名医来治疗，都不见效。后来才诊断出约翰夫人患的是腹腔癌，医生提出必须进行手术。当时既没有麻醉剂，也没有止痛药，手术时，这位温厚而

《吹肥皂泡的少年》(油画)

坚强的妇人痛得昏了过去。麦克斯韦在窗外听到母亲的呻吟声，心都快碎了。但是，手术并没能挽救母亲的生命，1839年12月，一个阴冷的冬日，母亲还是离开了人世。

妻子死后，约翰先生把全部的爱都倾注在儿子身上，担负起了抚养、教育麦克斯韦的重担。他既当爸爸，又当妈妈，费尽了心血。

麦克斯韦和父亲在一起（表姐1841年画）

母亲的去世，给父子俩的心灵投下了揩拭不掉的阴影，家庭生活不再像过去那样充满欢声笑语。小麦克斯韦的性格渐渐变得有些孤僻、内向。他最大的快乐是形影不离地跟在父亲身后，给父亲当一个小帮手。父子俩朝夕相处，相依为命，感情更亲密了。

"池塘事件"
chitangshijian

寒冷的冬天过去了，格伦莱庄园里又听见了小河的流水声。吐着嫩绿的树梢，远远望去，像一抹浅绿色的轻纱。

这年春天，为了照料小麦克斯韦，珍妮姨妈搬进了格伦莱庄园。珍妮姨妈自己没有孩子，虽然脾气有些古怪，但很疼爱麦克斯韦。暑假到了，麦克斯韦的表姐吉米玛也到庄园来了。她是约翰先生姐姐的女儿，扎着两根浅栗色的大辫子,比麦克斯韦大 8 岁。吉米玛性格文静,擅长绘画,经常带着写生簿去山谷里写生。

吉米玛很喜欢麦克斯韦,带着他做了许多有趣的玩具。她发现小表弟对自然科学有强烈的兴趣,便有意识地尽量使玩具带有科学趣味。他们制作了一个能转动的圆盘,上面依次画上一连串动作变化的猴子。当圆盘旋转时,猴子就跳跃起来,他们把这个玩具叫作"魔盘"。现代电影里的动画片,实际就是根据这个原理发明的。

麦克斯韦和表姐做了很多魔盘。小家伙负责设计,吉米玛负责绘画,两人合作得很愉快。

在这些魔盘中,有两件最有特色。一件是"神牛和月亮",画的是一头长着大犄角的牛和一轮变化的月亮,只要魔盘一转,就能看见弯弯的月牙变成圆圆的满月,神牛活动起来,一头跳进月亮里;另一件麦克斯韦把它称作"池塘里的孩子",有趣的是这"孩子"不是人,而是一只蝌蚪,魔盘旋转起来时,可以看见一只小蝌蚪摆着尾巴从卵里孵出来,然后长出脚,最后变成青蛙游过去。为了绘制这个盘子,麦克斯韦曾跑到小河边去观察,吉米玛按照他的意见反复画了许多次,直到画得很像,麦克斯韦才表示满意。

珍妮姨妈看见这只魔盘,感到很惊异,因为它描绘了青蛙的"成长史",这已经远远超出了玩具的

麦克斯韦和表姐一起做的魔盘

内容。

从苹果、肥皂泡到"池塘里的孩子",姨妈看出,在小麦克斯韦身上蕴藏着一种可贵的探索精神,她意识到应该重视和加强对他的教育。吃晚饭时,姨妈对约翰先生说,由于小家伙进步太快,最好能请一个知识丰富的家庭教师来教他。约翰先生觉得她说的有道理,便点头同意了。

一个月以后,家庭教师来了,是一个瘦高的年轻人。通常,家庭教师都是受过良好教育的女性,但格伦莱庄园交通不便,在附近找理想的女教师很困难,于是有人就给约翰先生推荐了这个受过教育的农村青年。这个小伙子长着一头棕红色的头发,喜欢吹口哨,学过大学课程,还懂拉丁文。约翰先生和他进行了一次简短交谈后,决定聘用他。

珍妮姨妈有些不放心,又特意向他介绍了麦克斯韦的性格和特点。家庭教师听着,但没怎么在意。也许他觉得一个不满10岁的孩子,是很容易对付的。

两个星期过去了。姨妈和父亲问麦克斯韦,同新来的家庭教师相处得怎么样。小家伙随口答道:"还可以。"但当他们问家庭教师麦克斯韦学得如何时,年轻人却皱着眉头说:"这孩子学得太慢。"

这个评语使父亲和珍妮姨妈感到很意外,因为麦克斯韦一向求知欲很强,对事物理解也很快。尤其是姨妈更有切身体会,她每次辅导麦克斯韦功课时,都要保持高度警惕,否则只要稍不留神,就会被小家伙问住。他怎么会一下子变得像家庭教师说的那样"迟钝"呢?

后来有一天,发生了一个小小的"池塘事件",珍妮姨妈这才明白了原因所在。

傍晚时分,她和约翰先生坐在庭院里,正谈着麦克斯韦的教育问题。忽然,从池塘方向传来几声怒冲冲的吼叫,尖利刺耳,像是家庭教师的声音。

他们循声走过去,远远望见麦克斯韦坐在一个洗衣服的木盆里,在池塘里划水。红发小伙子正站在池塘边大声喊叫，一边恐吓，一边勒令麦克斯韦赶快上岸。

"丑小鸭！你再不上来我可不客气了。"大约他看见池塘里正游着几只鸭子，一气之下，就给麦克斯韦安了个"丑小鸭"的绰号。

麦克斯韦冷淡地瞥了他一眼，没有理会。

家庭教师顺手操起一根带钩的长竿，强行钩住麦克斯韦坐的木盆往岸边拖。"丑小鸭"则奋力反抗着。

双方正僵持不下时，父亲和姨妈出现在池塘边。其实，让麦克斯韦划划"船"是完全可以的，水还不到齐腰深，只要讲清注意事项就是了。约翰先生把这个意见告诉了家庭教师，年轻人不由得涨红了脸。这时，姨妈才明白，为什么麦克斯韦不能从他那里学到东西。这孩子需要的是"引导"，用简单粗暴的方式强迫他接受是不行的。

可惜红发青年并没有吸取教训，几个星期后，他又用揪耳朵的方式来"开

"池塘事件"（表姐1841年绘）

导"学生，麦克斯韦的耳朵被扯出了血，这位家庭教师的职务也就到此为止了。在麦克斯韦的传记里，没有留下他的名字。

看来，格伦莱这个摇篮，对麦克斯韦来说已经太小了。为了不耽误儿子的教育，约翰先生决定送麦克斯韦到爱丁堡去上正规学校。

麦克斯韦虽然十分留恋度过了童年时代的格伦莱，但更渴望到广阔的天地里去。当时已是初冬时节，城里的各所中学早已开学。麦克斯韦天天催着父亲快些动身，他那颗充满稚气的心，早已飞到爱丁堡那个陌生世界去了。

KEXUE JUREN DE GUSHI

少年数学家

☆ "丑小鸭"
chouxiaoya

1841 年 11 月,父亲带着麦克斯韦启程了。小家伙刚满 10 周岁,第一次离开格伦莱庄园,路上的一切都使他觉得新奇。

他们到达爱丁堡那天,天上飞着雪花,到处白茫茫的一片。麦克斯韦裹着梅基保姆给他织的粗线围巾,穿着一件披风式的厚长外套,走起路来活像一个滚动的大棉球,模样很滑稽,一看就知道是个刚从乡下来的孩子。街上的行人都向他投来含笑的目光。

第二天,麦克斯韦就到爱丁堡中学去上学。晚上,他住在离学校较近的姑妈家。表姐吉米玛有他做伴,非常高兴。吉米玛这时已是一位青年画家,尤其擅长画人物素描和动物画。麦克斯韦跟着她学素描,还学会了木雕。姑妈家里有丰富的藏书,比格伦莱庄园家里的藏书还要多。在这里,麦克斯韦发现了一本斯威夫特的《格列佛游记》,对书中描写的大人国和小人国的故事很感兴趣,他读得津津有味。还有一本被誉为英国"桂冠诗人"德莱顿的诗集,他也是爱不释手。

中学生活开始了,它充满了喧闹和戏剧性。

麦克斯韦是学期中间插班的,第一天上课,就受到了全班同学的嘲笑。

几个调皮的学生见这个新来的同学怯生、腼腆,就直朝他扮鬼脸。麦克斯韦从小生活在格伦莱乡间,说话带着浓重的乡土气。当老师点名叫他回答问题时,麦克斯韦刚一开口,就引起了哄堂大笑。大约因为发音太怪,连文质彬彬的女教师都忍不住笑出泪来。

更糟的是,他的衣服全部是父亲亲手做的,是与众不同的。在 19 世纪的英国,人们很讲究衣着服饰,尤其是绅士家庭,女士们的打扮都以华丽为时髦,裙

子有许多皱褶,披肩是绣花的,还有精致的软边帽;男子则一律戴高筒礼帽,不论老少,脖子上还要围一条紧巴巴的硬领。约翰先生认为这不仅洗起来不方便,也不卫生,于是不顾世俗之见,给儿子来了个小小的服装改革。这位全能的工程师,自己设计,亲手剪裁,替麦克斯韦做了一套简便的紧腰上装,衣服一直拖到臀部以下,腰上系着皮带,并且甩掉了累赘的硬领。不仅如此,麦克斯韦的皮鞋也是父亲做的。大约是为了缝合时方便,皮鞋头是方形的,鞋帮用金属纽扣固定,而其他学生的鞋子都是圆头的,系的是鞋带。

麦克斯韦的服装虽然不时髦,穿起来却很暖和、舒适。没料到,这些"奇装异服"竟给他招来了许多屈辱。他在班里真成了只"丑小鸭",处处挨啄,被排挤,受讪笑。

课间休息时,全班 60 多个同学几乎一拥而上,把麦克斯韦围了起来。

"你这双鞋是垃圾堆里捡的吧?"一个歪鼻子同学挑衅道。

"这大概是你姐姐的外衣吧!"另一个小胖子扯了一把他的衣服说。

爱丁堡中学

"看他的样子多可笑呀！"

麦克斯韦四面楚歌,站在那儿发窘。

忽然,他觉得领子被谁抓住了。他刚转过头去,方头皮鞋又被人重重地踩了一脚,接着就是一阵哄笑……

晚上放学回家时,他的紧身衣已被同学撕破了,腰带也不翼而飞,脚上的皮鞋更是伤痕累累,那个狼狈样子真把伊莎贝娜姑妈吓了一跳。

姑妈打算给麦克斯韦换一所学校,但小家伙执意不肯,他说自己决不做逃兵。每个周末,父亲都来看望儿子,询问他的学习情况,并带他去游览爱丁堡的名胜。

父亲知道儿子这些"遭遇"后,痛惜地摇了摇头。他说,如果不取消这惹祸的"服装改革",麦克斯韦不论转到哪所学校,都会遇到同样的情景。有意思的是,麦克斯韦尽管眼泪汪汪的,却顽强地坚持要穿到底。因为,他相信父亲的设计是无可非议的,他不愿向暴力屈服。

就这样,麦克斯韦照样穿着父亲的"杰作"到爱丁堡中学上课。为了保持服装的完整,他常常不得不用拳头自卫。

所幸的是,庄园的乡村生活给了他一副壮实的体格,他的力气比一般孩子都大。有一天,又有几个同学恶作剧地围上来踩他的鞋后跟。这次可不是60:1了,麦克斯韦奋起还击,两个挑衅者被摔倒在地,另外几个则逃之夭夭。从这以后,他们才收敛了些。

同学们发现这个新生并不是可以随意欺侮的,就有意孤立他。麦克斯韦很少和大家往来,他本来就有些怯生,现在更孤僻了。在麦克斯韦背诵课文时,周围的同学经常发怪音、做鬼脸来干扰他,使他忘记背到什么地方了。这样一来,他的课文常常背得结结巴巴。麦克斯韦后来有口吃的毛病,就是从这时开始的。

面对同学们的冷嘲热讽,麦克斯韦沉默着,但从未低过头。在忍无可忍时,他就用尖刻、辛辣的话来回敬。课后,他总爱独自坐在树下,读读歌谣,画一些只有他自己看得懂的图画,有时也抽抽陀螺玩,再不然就一个人躲在教室的角落里,专心致志地演算着父亲给他出的数学题,同班同学都不理解他,老师也认为他是个古怪的孩子。大家暗中都叫他"傻瓜"。

麦克斯韦最愉快的时候,是父亲到姑妈家来度周末的日子,父亲常带他到博物馆参观,或是到郊外旅行,这会使麦克斯韦暂时忘掉学校里的烦恼。

难忘的参观

nanwangdecanguan

1842 年的冬天终于过去了。冰雪开始消融,从海上刮来一股带有咸味的暖风,爱丁堡街旁的树枝吐出了点点新芽。

麦克斯韦在冷眼中度过了中学的最初时光。这早春的气息,给他带来了欢乐和希望。

一天傍晚,麦克斯韦站在姑妈家门口左顾右盼。落日的余晖映照在他的脸上,红彤彤的。忽然,少年的眼睛一亮,朝街心奔跑过去。

"爸爸!"他欢快地呼喊着。

"詹姆斯,亲爱的!"约翰先生大踏步地迎了上来,父子俩亲热地拥抱着。每个周末,都是他们最快活的日子。这一次麦克斯韦更加高兴,因为父亲告诉他,明天要带他去参观一个"了不起的发明"。

"究竟是什么发明呀?"晚餐时,麦克斯韦迫不及待地追问着。餐桌上摆满了好吃的菜,是姑妈特意烧的,可他却无心思吃饭。

"舅舅,告诉詹姆斯吧!看他急成那样了。"坐在麦克斯韦旁边的吉米玛也帮着腔。

"好吧，"约翰先生笑着瞅了麦克斯韦一眼，然后宣布道，"是电学大师法拉第的杰作。"

"法拉第是谁呀？"吉米玛问道，她对科学很陌生，但麦克斯韦的眼里却闪出了光芒。

"一位铁匠出身的大科学家。小时候他当过印书学徒，后来靠刻苦自学成名。著名的电磁感应现象就是他十年前发现的，那时我们的小詹姆斯才刚刚出世哩！"约翰先生的最后一句话把大伙都逗乐了。只有麦克斯韦没有笑，父亲的话使他浑身都激动起来。

"是什么杰作嘛？"他一向爱寻根究底。

"明天你就知道啦！"父亲只是神秘地笑笑。

这天夜里，麦克斯韦兴奋得很晚都没有入睡。

第二天，天刚蒙蒙亮，麦克斯韦就从床上爬起来。他匆匆吃完早点，就跟着父亲出门了。一路上，麦克斯韦挺着胸脯，好像去参加一个重大活动一样，他觉得整个世界都充满了阳光。

他们沿着大街步行了约莫半个小时，来到一座圆形穹顶的高楼前，这是一幢布局宏伟的建筑，看上去很有气势。父亲告诉他这就是爱丁堡皇家学会。麦克斯韦听后肃然起敬，因为他知道，这里是大科学家们出入的地方！

父亲带着他踏上台阶，走进皇家学会的大门。麦克斯韦是第一次来到这里，就像是走进了一座神圣的殿堂，心里有一种说不出的兴奋和崇敬感。走廊两侧，装点着许多有艺术价值的雕塑，比真人还高。父亲牵着麦克斯韦的手，不时和左右的熟人打着招呼。这些人都是皇家学会的活跃分子，有戴眼镜的科学家，有两鬓花白的老教授，也有一些穿着很随便的人，父亲说那些人是艺术家，他们都向麦克斯韦露出亲切的微笑。

穿过艺术走廊，来到科学大厅，里面早已挤满了人。父亲给麦克斯韦做了个手势,示意他不要讲话,因为整个科学大厅里只有他一个孩子。

在麦克斯韦的一生中,这是一个难以忘怀、不同寻常的日子。可以说,他的伟大事业就是从这一天开始的。

麦克斯韦看见大人们都饶有兴趣地围着一个椭圆形展览台,上面摆着一个亮闪闪的东西。

"这大概就是爸爸说的那个'了不起的发明'了。"麦克斯韦心中想道。

凭着个头小的优势,他从人缝里、从大人们的胳膊下挤进去,一直钻到最前面。

好家伙,真是了不起!呈现在眼前的,是一台构造很新奇的装置,麦克斯韦从来没有见过。

只见一个圆形的大铜盘,金光灿灿,架设在一个金属支架上,活像天空圆圆的月亮。铜盘的两侧,是一块马蹄形磁铁的两极。麦克斯韦打量了许久,看不出它们究竟有什么用,只觉得铜盘比他的魔盘更"神"。

他凑近一步,仔细端详,发现铜盘的轴上连着一根导线,铜盘边缘也有一根导线,不过只和盘缘保持接触,没有连在一起。两根导线的另一端连着一个黑色的小圆表,麦克斯韦悄悄地问旁边的大人,知道这叫电流计。

"先生,能表演一下吗?"他大着胆子彬彬有礼地问一位讲解员。

"可以。"讲解员走过来,站在

法拉第

台前,用手转动装置的摇柄,铜盘开始在马蹄形磁铁的两极间旋转起来。麦克斯韦屏气凝神地看着,一双眼睛睁得大大的,等待着奇迹的出现。

忽然,有人发出了惊叹声。这时铜盘转速加快,电流计上的指针随之发生偏转,这意味着在铜盘上有电流产生!

麦克斯韦顿时手舞足蹈起来,他蓦然明白——这是一台新颖的发电机!不知什么时候,约翰先生也挤到了展览台前。他拍了拍麦克斯韦的头,叫他安静下来,然后轻声告诉他说,这就是法拉第发明的世界上第一台电磁感应发电机,磁场的变化产生了电流。法拉第为了探索这个原理,花了整整十年的工夫。

在回家的路上,父亲还给麦克斯韦讲了一件趣事。据说,法拉第有一次给朋友们表演这个新发明,有一位好挑剔的贵妇人当场取笑他说:"你发明的这玩意儿有什么用呢?"法拉第诙谐地回答道:"请问夫人,新生的婴儿又有什么用呢?"

的确,这台发电机在今天看来,只能算一个玩具。事实上,法拉第也没有把它应用到实际生活中去。然而,它却是现在所有发电机的"老祖宗",它的出现,在近代科学史上有着开创性的意义。

10岁的麦克斯韦亲眼看到了这个了不起的发明,心情非常激动。许多问题在他的脑海里翻腾着:为什么铜盘在磁极里旋转就能产生电流呢?电和磁究竟是什么?它们又有什么关系?法拉第的发明唤起了他探索电磁奥秘的激情。为了这个伟大的目标,他献出了自己毕生的精力。

从爱丁堡皇家学会回来后,麦克斯韦变成了一个电学迷。法拉第成了他心目中最了不起的英雄。他从杂志上把这位大师的照片剪下来,贴在自己的床头。这个胸怀大志的中学一年级学生,开始钻研有关电磁方面的知识,而且进步很快。不过,他当时并没有想到,有一天他竟会同法拉第并肩站在一起。

一鸣惊人

yimingjingren

时间像骏马飞奔,转眼两年过去了。

麦克斯韦逐渐习惯了城市生活,也习惯了爱丁堡中学。同学们对他也慢慢了解了,不再像当初那样随便嘲弄他了。不过,在他们的心目中,麦克斯韦仍然是一只"丑小鸭"。麦克斯韦也一直没有真正成为他们中的一员。特别是麦克斯韦口吃的毛病,一直没有改掉。这常常使他成为同伴们的笑料。

所幸的是,有两个同学对他刮目相看,和他成了好朋友。其中一个叫坎贝尔,绝顶聪明,是班里的明星人物。坎贝尔家和麦克斯韦姑妈家是邻居,放学后麦克斯韦经常和坎贝尔一起回家。两人一路上互相追逐嬉戏或者聊天,天上地下,无所不谈,他们一同分享奇思妙想,很开心。坎贝尔后来和麦克斯韦结下了终生友谊。另一个同学叫泰特,和麦克斯韦同岁,但晚一年进入爱丁堡中学。泰特是个出类拔萃的学生,成绩非常优秀,后来成为苏格兰最出色的物理学家之一,他的头脑灵光,思路敏捷,常有思想的火花迸出。麦克斯韦和他经常进行挑战,看谁能解出更多的数学难题,两人的水平往往不相上下。

1844 年秋天,麦克斯韦升入中学四年级。他快满 13 岁了,个头长高了一截,一双蓝色的眸子总是炯炯有神,但他不爱说话,也不喜欢交际。

新的年级主任,由校长威廉亲自担任。这是一位温厚、诙谐的老教育家,大家都很尊敬他。麦克斯韦在他的班上,第一次感到了师生间的友谊和温暖。

麦克斯韦在爱丁堡中学经历了一段戏剧性的坎坷,也受到了磨炼。到中年级时,意想不到的奇迹出现了。

　　爱丁堡中学和苏格兰的其他中学一样，经常开展各种竞赛，以鼓励学生出类拔萃。一次，学校举行数学和诗歌比赛，评选揭晓时，爆了个大冷门：两个科目的最高奖竟由一个人获得。这个出类拔萃的少年不是别人，竟是一向不被人看在眼里的麦克斯韦！这一结果不仅使全班同学瞠目结舌，连年级任课老师也感到意外。他们这才发现，这只"丑小鸭"原来是一只天鹅。坎贝尔和泰特自然也为麦克斯韦感到高兴。

苏格兰古都爱丁堡

　　这次比赛一下子改变了麦克斯韦在班里的地位。

　　优秀的学生总是受崇拜的，再也没有谁取笑他的服装和说话的口音了，同学们敬重他，开始向他请教疑难问题。麦克斯韦成了全校最拔尖的学生，获得了许多奖励。他的光彩，看起来仿佛彗星倏然划过长空，实际上却是他长期刻苦学习的结果。

　　麦克斯韦从小就对数学、物理有着浓厚的兴趣，他尤其喜欢数学。他的数学天赋,最早是父亲无意间发现的。那是在格伦莱庄园,一次父亲教他练习静物写生。当时正值深秋时节,小麦克斯韦从花圃采来一束金黄色的菊花,把它插在花瓶里,然后对着菊花画起来。等到小家伙画完交卷时,父亲边看边笑。因为满纸涂抹的都是几何图形:花瓶是梯形的,菊花成了大大小小一簇簇圆圈,还有一些奇奇怪怪的三角形,大概是表示叶子吧。父亲发现儿子对图形有强烈的感受力,便立意教他几何学,后来又教他代数。在父亲的引导下,麦克斯韦从此开始喜欢上了数学。

到爱丁堡中学后,麦克斯韦进一步显露出在数学方面的才华。中学低年级还没有开几何课,他已能用厚纸板制作各种立体几何图形。起初他做得比较简单,如正方体,但这也要求细致、准确,要使每一条边、每一个直角都相等,否则粘起来时正方体就不"正"了。

接着,他又做棱锥形四面体。它虽然比六个面的正方体少两个面,但难度更大。这种棱锥体很像一个小小的金字塔,每个面都必须是等边三角形。但是,麦克斯韦仍然把它制作出来了,还请吉米玛表姐给它涂上漂亮的金黄色。

成功的喜悦激励着这位少年数学爱好者,他决定做一个难度更大的正十二面体。一天晚上,他向吉米玛透露了这个打算。吉米玛不相信表弟真能做出来,因为十二面体很复杂,要叫她在纸上画一个正十二面体,她都画不出来。可是,麦克斯韦似乎胸有成竹。不知道他是怎样计算的,或者是翻阅过什么书,麦克斯韦用硬纸板剪了十二个正五边形,每条边都一样长,然后躲在自己的房间里,把这些正五边形一个一个地镶起来,再粘牢,正十二面体就成功啦!它的模样有点像中国戏剧里岳云耍的铜锤,很精致。连美术修养极佳的吉米玛见到后都表示佩服,她预言表弟将来一定会发挥自己的数学才能,干出大事业来。

麦克斯韦一举夺得双奖,父亲非常高兴。作为对儿子的鼓励,约翰先生开始定期带麦克斯韦参加爱丁堡皇家学会的活动。麦克斯韦跟着父亲出入科学

殿堂,受到良好的熏陶。每次听完科学讲座回来,儿子都要和父亲讨论一番,谈谈感想,或提出问题,有时还能发表一些自己的见解。

爱丁堡皇家学会有两个分会:一个是科学学会,是科学家和科技爱好者们的组织;另一个是文学艺术学会,是作家、诗人、画家们聚会的地方。

麦克斯韦的志趣主要在科学方面。不过,这位诗歌获奖者对文学也有兴趣。他在出入爱丁堡皇家学会科学厅时,曾好奇地去听了几次艺术学会的报告。想不到,在艺术讲坛的绚丽色彩中,他竟得到了科学的启示。

在艺术学会上经常发言的,有一位名叫海伊的美术家。他是一个头发花白的小老头,说起话来总爱情绪激动,而且往往独出心裁。别的画家谈画时,大都谈艺术上的高低,比如布局的疏密、着色的浓淡、线条的流畅与否等等。这位海伊先生却不一样,他谈画时总离不开数学。麦克斯韦第一次听他演讲时,还以为他是一位数学家哩。海伊先生认为,画图和着色可以通过数学方法来完成。大约由于他在创作中过于强调抽象思维,他的作品构图比较独特,颇有印象派的味道,欣赏的人不多。总之,这位古怪的画家在爱丁堡艺术界算不上佼佼者。但是,他借助数学方法作画的独特见解,却启发麦克斯韦作出了一项惊人的发现。

一次,艺术学会开例会,是海伊先生演讲。麦克斯韦动员吉米玛一起去参加。他俩是最年轻的听众,坐在第一排的座位上。

那一天,海伊先生穿着一件熨得很挺括的外套,还戴了一顶软边帽,活像马戏团里的人物。吉米玛一看是这么个人演讲,感到很扫兴,麦克斯韦却精神抖擞,全神贯注。

海伊先生走上讲演台,先掏出一个小铁锤,在一张画布上钉上几个钉子。观众都有些莫名其妙,因为谁也没见过画画还要用钉子。在吉米玛的眼中,海伊先生这时简直成了一个矮小滑稽的钉鞋匠。可是,这位艺术家却不动声色。只见他动作敏捷地把一根细绳系在一个钉子上,细绳的另一端连着炭笔,然后潇洒地将手臂一挥,就画出一个标准的圆来。

"宇宙的一切从圆开始。"画家得意地解释了一句。

接着,海伊先生把另一根绳子的两端分别系在两个钉子上,中间的绳子是松的。画家说了一句"请注意",麦克斯韦双眼大睁盯着他的手,只见他把炭笔沿着绳子内沿,缓缓地在画布上移动着,画布上随即出现了一个漂亮的椭圆。海伊先生不断地改变着绳子的长短,画布上片刻工夫就画满了大小不等的椭圆形曲线。画家再把它们涂上各种颜色,他的大作就算完成了。

"没见过,这也叫美术!"吉米玛的嘴角露出了一丝嘲讽。

麦克斯韦没有出声,他的脸上浮现出很有兴趣的表情。虽然他并不认为海伊的画算美术作品,但这位先生画曲线的方法的确深深地吸引了他,使他产生了很多联想。他想起了自己童年时所作的那幅满纸几何图形的菊花写生,简直和海伊的作品有异曲同工之妙。

麦克斯韦被陶醉了。他从海伊作画时表现出来的那种抽象的数学思维能力中,受到了深刻的启示,产生了强烈的心灵感应。后来,他的那项震动整个英国皇家学会、使他获得"少年数学家"美名的伟大发现,便是从这里受到启发的。

蛋形曲线

danxingquxian

圆和椭圆在数学上都叫二次曲线,因为它们的几何曲线若用代数方程表示,都是一个二次方程。海伊采用的是简易作图法,它简单、生动、一目了然。这种方法,在现在各国的中学课堂上,数学老师都会讲到。但在当时,知道的人并不多。

麦克斯韦回到家里，学着海伊的方法，入迷地画起曲线来。

起初，他用铅笔在纸上画。后来他嫌纸太小，施展不开，又改用粉笔。

一天，伊莎贝娜姑妈走进麦克斯韦的房间，发现他正蹲在地上用绳子比划着，地板上到处都是粉笔画的圈圈，姑妈觉得很奇怪。吉米玛打趣地说："詹姆斯成了海伊那怪老头的俘虏啦！"

"我可不想当画家！我关心的是数学。"麦克斯韦抬起头辩解道，他的脸上沾满了粉笔灰。

"好、好、好，不管是当画家，还是当数学家，脸可不许弄成花猫呀！"姑妈也被逗乐了。

麦克斯韦把脸擦干净，又蹲在地上专心画起来。吉米玛被表弟的钻研精神所感动，自告奋勇地给他当助手。麦克斯韦叫吉米玛两只手按住一根线绳的两端，绳子不要绷紧，他用粉笔沿着绳子内沿滑动，就像海伊先生在画布上那样，于是地板上就画出一个清晰的椭圆曲线。这回，吉米玛的眼睛里也流露出欣赏的神色。

海伊先生画椭圆时，绳子固定在两个钉子上，钉子之间的距离也是固定的。当他改变绳子的长短时，画出的椭圆胖瘦也就不同了。麦克斯韦在自己的实践中欣喜地发现，如果绳子长度不变，改变两个钉子之间的距离（即椭圆的焦距），也可以改变椭圆的胖瘦形状。他很容易地做到了这一点，因为吉米玛按绳子的两个大拇指，就相当于两个可以移动的钉子。两个大拇指隔得越远，画出来的椭圆就越扁；隔得越近，椭圆就越圆；当两个大拇指靠在一起时，画出来的形状就成了一个正圆了。

"哦，原来圆是椭圆的一个特例哟！"吉米玛赞叹起来，"詹姆斯，你还真有两下子！"

麦克斯韦听到表姐的称赞，倒有些不好意思了。他是一个有探索精神的少年,从不满足于重复别人做过的事。

这时,姑妈做好饭进来了。她指着地上一个漂亮的椭圆说:"这画的倒很像一个大鸡蛋!"

"不!妈妈,鸡蛋是一头大一头小,椭圆是两头一样大。"吉米玛纠正说。

"两头一样大不更好吗?免得小人国的大臣们成天争论不休。"

姑妈说了句笑话。在英国古典名著斯威夫特的《格列佛游记》中,有两个小人国,为了争论吃鸡蛋应该打破

学生时代的麦克斯韦

大端还是小端,相互争论不休,结果竟引起一场血战。麦克斯韦读过这本书,但他没有理会姑妈的话。

母女俩随意说着,在一旁的麦克斯韦却陷入了沉思。一个念头在他的脑海里像火花一般闪过:既然用钉子、绳子可以画圆和椭圆,那可不可以画出更复杂的蛋形呢?麦克斯韦不动声色,决定试一试。

他很快发现,这是件非常困难的事情。用海伊示范的方法画出来的曲线,不论大小,不是圆就是椭圆,怎么也画不出蛋形来。

麦克斯韦继续探索着。他换了几根长短不同的绳子,同时改变钉子间的距离,可是试了一次又一次,仍然画不出精确的蛋形来。地板上到处都是用过的粉笔头。

半个月过去了,麦克斯韦仍然一无所获。他呆呆地盯着地板上的两个钉子苦思冥想:难道用这种简易作图法真的画不出蛋形么?也许是的,前一天海伊

先生曾对他说,世界上还没有人画成功过。

可是,"没有人画成"并不等于"不可能画成"呀!那问题的关键在哪儿呢?他恍然醒悟:对呀!应该用别人没有用过的新方法。

寒假快来了。麦克斯韦忙着复习功课,准备考试,但他并没有中断"画蛋"。他试用了许多种方法,和海伊的方法都不一样。虽然没有取得成功,但他有一股子执着劲儿,总感到希望之光在眼前闪耀。

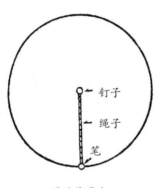

圆的作图法

大考完毕,麦克斯韦的成绩又是名列前茅,但他并不是特别高兴,因为"画蛋"依然没有进展。一天,吉米玛动员他去听听音乐会,放松放松大脑,麦克斯韦同意了。他们来到爱丁堡歌剧院,交响乐队演奏的是贝多芬第五交响乐《命运》。麦克斯韦完全被那深沉悲壮的旋律打动了。他久久注视着乐队指挥手中的小棒,时而轻轻指点,时而有力地在空中划出一道美妙的弧线。乐声随之起伏变幻,时而轻柔,时而昂奋……他的心弦仿佛突然被敲响了。

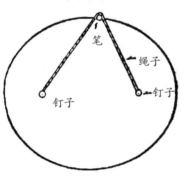

海伊的椭圆作图法

音乐会散场时,夜色已深。麦克斯韦两眼灼灼发光,疾步往回走,最后终于奔跑起来。一个时时在眼前闪现而一直没有捕捉到的思想,此刻非常清晰地显现在他的脑海里。他抛下吉米玛,一口气跑回家,迫不及待地在墙上钉上两个钉子,然后取出一根绳

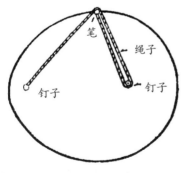

麦克斯韦的蛋形曲线作图法

子。他把绳子的一头固定在左边钉子上,另一头绕过右边的钉子,系住一支红铅笔。画椭圆时,绳子的两端是分别固定在钉子上的,如果绳子的一端不固定呢? 麦克斯韦认为问题的奥妙可能就在这里。他用微微颤抖的手握住铅笔,将系住铅笔的绳头折向左上方, 然后使铅笔沿着两个钉子间的绳内沿在墙上缓缓划动,铅笔的走向和画椭圆时很相似。结果会是什么曲线呢? 麦克斯韦紧张地闭上了眼睛。

铅笔走完了一周,麦克斯韦睁开了双眸。出现在他眼前的,是一个红色的漂亮曲线,它的形状和椭圆很接近,但是一端大,另一端小。麦克斯韦高兴得怔住了:这不正是他梦寐以求的蛋形曲线么!

他竭力克制住内心的狂喜,把绳子长度依次缩短,再分别换上蓝色铅笔和黑色铅笔,照此办法,又画出了蓝色蛋形曲线和黑色蛋形曲线。三个颜色不同的蛋形曲线一个比一个小,一个套在一个里面,非常别致。麦克斯韦高兴地把姑妈和表姐请来,她们看到麦克斯韦的蛋形曲线时,都惊叹不已!

这是世界上第一个用几何作图法画出来的蛋形曲线。一个 14 岁的中学生能想出这种独创性的点子,是很了不起的。许多年以后,有位科普作家在撰写麦克斯韦的传记时,曾试着自己构思来画这种蛋形曲线,但是花了几个小时,也没有成功。后来,他去请教一位当过中学数学老师的朋友,因为弄不清麦克斯韦的绳子究竟是怎么个绕法,仍画不出来。这两个学过高等数学的成年人,反复琢磨了一个晚上终于恍然大悟!聪明的少年读者如果有兴趣,不妨也自己动手试一试。当你用两个钉子、一根绳子和一支铅笔画出一个个漂亮的蛋形时,一定会像少年麦克斯韦当年那样高兴吧。

麦克斯韦还发现,他的蛋形曲线很有规律。他根据自己掌握的数学知识进行了一系列的推算,最后巧妙地列出了蛋形曲线的数学公式,比椭圆的方程式复杂得多。

做到这一步,麦克斯韦已经很不简单了,但他并不满足。他的思想没有停留在几何图形上,他非常喜欢物理学,就进一步把这些曲线公式和光学联系起来。他把蛋形曲线公式同物理学家得出的光的曲面折射公式进行比较,发现竟然完全一样!他由此确信自己的发现很有价值,于是利用寒假时间,把这些发现和自己的见解整理成了一篇论文。

画蛋的发现,是麦克斯韦少年时代最光彩的一页。这是他在科学上的第一次发现,也是他第一次绝妙地运用数学工具来分析物理学上的问题。这充分显示出麦克斯韦作为数学物理学家的天赋。正是这种天赋,加上刻苦努力和不停地探索,使他后来成了电磁学的集大成者,解开了人类长期探究的电磁之谜。

麦克斯韦怀着胜利的喜悦,将他的发现告诉了父亲。约翰先生具有良好的科学素养,他意识到儿子的这一成就非同凡响,因为他从来没有听说过这种新奇的画蛋方法。

为了作出评价,父亲决定先去找海伊先生。他向这位艺术家介绍了麦克斯韦的发现。

海伊听完约翰先生的介绍,非常吃惊。他研究了麦克斯韦的蛋形曲线后,承认自己不如这个中学生。因为,他从来没有成功画过这种曲线,更没有想到把画出的曲线同曲面玻璃联系起来。

根据海伊的建议,约翰先生把儿子的论文送到爱丁堡大学,请著名的数学教授福布斯鉴定。

福布斯教授是一位很有威望的数学家,留着花白的胡须,对人十分严格。他认真审议了麦克斯韦的论文,确认论文内容正确无误,而且富有创见,很有科学价值,是解析几何中一个高深的课题。教授的几位同行,对这种独特的方法也很赞赏。

他们关切地问起论文作者的情况。

"他是我的儿子。"约翰先生兴奋地说。

"请问他在哪里任职？"福布斯教授确信自己发现了一颗新星。

"还在爱丁堡中学读书。"

听到这话，福布斯教授和同事都大吃一惊。教授半信半疑地问："他今年多大了？"

"14岁。"

约翰先生的回答，使几位数学家不禁面面相觑。他们开始怀疑：这个中学生的论文恐怕是从别的科学著作上抄袭的吧。

在几秒钟难堪的静默后，福布斯教授终于开口道："请暂时把论文留在这里，我们再研究研究。"

一连几天，严格的教授们翻遍了新近出版的所有数学期刊和书籍，都没有发现同麦克斯韦论文内容相似的作品。于是他们又去查阅一些数学经典著作，也没有找到画蛋的公式。在解析几何教科书里更不会有这个公式，因为福布斯教授教了几十年数学，也没有涉及这一点。最后，福布斯教授像大海捞针一样，好不容易从法国大数学家笛卡儿两百年前的一本著作中找到了他对各种曲线的分析，其中提到了蛋形曲线。但是，经过仔细核对，他发现麦克斯

《关于蛋形曲线及多焦点曲线的绘制》手稿

韦的公式同笛卡儿的结论虽然一致,然而分析方法却各不相同,而且,麦克斯韦画蛋形曲线的方法比笛卡儿的显然简单得多。

这些爱丁堡大学的数学权威们,终于确信麦克斯韦的发现完全是独立研究出来的。他们从内心里为这个少年数学家的出现感到惊喜不已。

福布斯是一位具有远见卓识的科学家。为了表彰新秀,他决定在爱丁堡皇家学会专门组织一次数学学术报告会,来宣读麦克斯韦的论文。论文是麦克斯韦自己写的,题目为《关于蛋形曲线及多焦点曲线的绘制》。

学术报告会举行的时间是1846年4月,正是春意盎然的时节,皇家学会楼前的草坪周围开满了郁金香。约翰先生带着麦克斯韦坐在科学厅的讲演台旁,心里洋溢着自豪感。麦克斯韦端坐在父亲身旁,望着满场几百双大人的眼睛,心怦怦直跳,他还没有经历过这样庄严、隆重的场面哩!

考虑到麦克斯韦太年轻了,论文是由福布斯教授代读的。为了使听众易于理解,教授在宣读前对论文作了一些简化。尽管如此,到会的听众还是有一半人没有听懂。当他们听说讲演台旁那个前额饱满的孩子就是论文作者时,全场都轰动了。报告结束时,麦克斯韦光荣地接受了皇家学会授予的一枚数学金质奖章。

不久,麦克斯韦的论文在《爱丁堡皇家学会学报》上发表了。苏格兰最高学术机构的学报刊载一个孩子的论文,这还是第一次。从此,麦克斯韦获得了"少年数学家"的美称。

结识汤姆生

jieshitangmusheng

1846 年圣诞节,15 岁的麦克斯韦去格拉斯哥看望表姐吉米玛。吉米玛前不久和格拉斯哥大学的数学教授布莱克本结了婚,移居到格拉斯哥。这座城市位于苏格兰腹地,横跨克莱德河,西临狭窄的克莱德湾,是英国北部第一大港,商业繁荣,造船业很发达。

布莱克本有个朋友名叫威廉·汤姆生,年仅 22 岁,刚当上格拉斯哥大学的物理学教授(当时称自然哲学)。据说格拉斯哥大学当时有 30 名有才干的教师竞争这个教授席位,结果汤姆生击败了所有对手,脱颖而出。

"他可是一位难得的青年才俊。"布莱克本告诉麦克斯韦说。

汤姆生 1824 年出生在英国贝尔发斯特城, 父亲是皇家学院的数学教授,治学勤奋,母亲出身于富裕家庭,是个典型的贤妻良母。1832 年,汤姆生的父亲被母校格拉斯哥大学聘为教授,全家迁到格拉斯哥。这一年新学期,汤姆生的父亲开始讲课。新来的教授学识渊博,讲述有条不紊,待人亲切,很快就博得了学生们的敬仰。没有多久大家就发现,教授来讲课的时候常常带着两个漂亮的小男孩,让他们坐在教室里旁听,那个小的还背着装玩具的书包。起初,同学们都以为这两个小家伙是来玩的,后来看到他们在认真地记笔记时,都大吃一惊。因为这两个大学旁听生的年龄实在太小了:哥哥杰姆 10 岁,弟弟汤姆生才8 岁。

汤姆生的父亲望子成龙,很费了一番苦心。汤姆生从接受启蒙教育直到中学教育,都是父亲自己编教材,在家里教的。他在读大学以前,从来没有进过学校。气宇轩昂的老教授是个天才教育家, 他最大的乐趣就是给孩子们传授知

识,把他们教育成才。汤姆生兄弟也很争气,他们在大学非正式地旁听了两年,眼界开阔了不少。有一次上实验课,兄弟俩对电学实验产生了浓厚的兴趣,回家以后,竟仿制了几个莱顿瓶和伏打电堆。两个小实验家用电堆给莱顿瓶充上电,然后骗小妹妹维莉来摸,结果啪啦一声,把她吓得大哭一场。

汤姆生 10 岁的时候,和哥哥一道正式进入格拉斯哥大学预科学习。他也许是当时世界上最小的大学生。他的同学大多是农场主的儿子,最大的 24 岁。这些纨绔子弟醉心于神学,汤姆生却在数学、物理学和天文学方面努力学习。汤姆生 15 岁那年,获得了学校的物理学奖;16 岁时获得了天文学奖,同时还因为撰写了一篇出色的论文《地球的图形》,得到了格拉斯哥大学的金质奖章。

17 岁那年,汤姆生进入剑桥大学学习。在以后的几年里,汤姆生发表了一连串的科学论文,内容涉及数学、热力学和电学。他曾把电力线、磁力线同热力线加以类比, 这在当时是颇有创意的。在研究这些问题的时候,他娴熟地运用了很多新的数学定理。剑桥大学的数学家霍普金斯,曾经担任汤姆生的指导教授,汤姆生因此获益不小。1845 年 1 月,20 岁的汤姆生从剑桥大学毕业。父亲一心要他竞选教授席位,当时格拉斯哥大学有位德高望重的物理学教授要退休,父亲非常希望汤姆生能够接替这个职位。按照当时的传统,只有对物理学有实践经验的人才有资格。为了达到这个目的,父亲特意安排汤姆生去巴黎留学,给

青年教授汤姆生

法国物理学家雷尼奥当了4个月的研究生。

1846年5月,老汤姆生等候已久的机会终于来了:那位受人尊敬的老教授去世,他的职位空出来了。同年9月11日,是汤姆生一家的大喜日子。通过一场激烈的竞赛,22岁的汤姆生击败了所有的对手,夺得第一名。汤姆生的父亲在学校听到儿子当选为教授的消息,感到平生最大的愿望实现了,欣喜若狂,连帽子都顾不上戴,就直奔家中。

麦克斯韦来格拉斯哥大学看望表姐吉米玛时,汤姆生刚上任教授一个月。

圣诞节之夜,布莱克本邀请汤姆生来家里做客。麦克斯韦有幸结识了这位年轻的物理学教授。汤姆生很英俊,谈吐风趣,气度不凡。麦克斯韦和他见面的情景颇有点戏剧性。

"这是我夫人的表弟麦克斯韦,是个画蛋专家。"布莱克本向朋友介绍麦克斯韦道。

"哦,就是那位詹姆斯·克拉克·麦克斯韦吧?"

汤姆生读过《爱丁堡皇家学会学报》那篇蛋形曲线论文,他没有料到论文的作者竟然是一个少年。

"正是在下。"麦克斯韦说。

"你今年多大了?"汤姆生问。

"15岁。"

"很了不起!那篇蛋形曲线论文的水平很高,据说比数学大师笛卡尔的方法还要简单。"汤姆生称赞道。

"不是据说,是千真万确。"表姐夫布莱克本更正道。

"谢谢夸奖。"麦克斯韦有点不好意思。

"除了几何学,你还对什么有兴趣呢?"汤姆生问他。

吉米玛替表弟回答说:"詹姆斯喜欢打弹子、玩陀螺,还喜欢写诗,他在学

校里还得过诗歌比赛大奖哩。"

"你还是个诗人呀！即兴为我们创作一首如何？"

"写诗要等有灵感的时候。"表姐担心麦克斯韦发窘，便替他解围。

殊不知，麦克斯韦很大方，他眨了眨眼，信口就用浓重的格伦莱口音吟出一首诗来：

> 在我们的脑海里，
>
> 隐藏着某种力量和思想。
>
> 在它们未爆发时，
>
> 我们并不知道。
>
> 那来自内心深处的意识流，
>
> 无影无形，稍纵即逝。
>
> 我们若能驾驭它，
>
> 就能找到漩涡和暗礁。
>
> 嗨，欢呼，欢呼，
>
> 我们的头脑风暴！

吉米玛眯着眼睛，听得入了神。麦克斯韦的话音刚落，汤姆生就潇洒地鼓起掌来。

"好一个'头脑风暴'！有思想，有气魄，这诗真是你作的吗？"

"正是在下。"麦克斯韦说。

汤姆生眼里流露出赞叹的神色。他看得出面前这个前额饱满、说话简短的少年是一个罕见的天才。汤姆生打趣道："能不能告诉我，你脑海里藏着的'漩涡和暗礁'是什么呢？"

麦克斯韦想了一下,脱口而出:"电和磁的秘密。"

"电和磁的秘密?"汤姆生大为震惊,这正是他一直在关注和思索的科学难题。没想到一个 15 岁的爱丁堡中学生,竟然同自己想到一起了。

"是的。"麦克斯韦谈起了 10 岁时在参观法拉第电磁感应发电机时留下的强烈印象。

汤姆生的脸上露出了会心的微笑。

他问麦克斯韦:"你知道我脑海里藏着的'漩涡和暗礁'是什么吗?"

"是……什么?"麦克斯韦好奇地睁大了眼睛。

"电和磁的秘密!"汤姆生说。

"真的?"

"当然是真的。"

这一刻,两人有种心有灵犀的感觉。汤姆生 20 岁从剑桥大学毕业后,首先选择了电磁学当作进军的目标。虽然热力学也在他的视野范围内,但是自从法拉第在 1831 年发现电磁感应以后,探索电磁的奥秘就成了很多科学家感兴趣的课题,汤姆生也受到强烈的吸引。这个高才生早在儿童时代就被电学迷住了。他很羡慕法拉第的成就,尤其是对法拉第关于电力线和磁力线的思想很感兴趣。汤姆生掌握了数学工具以后,更觉得电磁学是个大有可为的领域,他开始跃跃欲试。

于是,汤姆生同麦克斯韦亲切地交谈起来。

"我见过法拉第。"汤姆生说,"是一个和蔼可亲的老头。"

"你见过法拉第?"这一回轮到麦克斯韦惊讶了,他的两眼射出光芒,显得格外炯炯有神,因为法拉第是他心目中的大英雄。

汤姆生谈起一年前同法拉第见面的情景——

那是 1845 年初夏,汤姆生从法国回到剑桥大学,参加了英国科学协会的

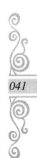

041

麦克斯韦

会议。出席这次会议的都是著名学者,包括法拉第、焦耳这样一些世界一流的大科学家。相比之下,21岁的汤姆生不过是个年轻后生,但是他不迷信权威,在会上大胆地发表自己的见解。

当时他有些紧张地站在演讲台前,介绍自己对电磁学的研究。他的脸颊因为兴奋而微微发热,声音也不由自主地提得很高。

汤姆生在会上宣读的论文,是根据自己发表在数学杂志上的一篇文章修改的。当他谈到法拉第的磁力线可以用数学公式来表示,谈到他发现的光线在两块带不同电荷的玻璃片之间发生极化现象的时候,会场上发出了一阵热烈的议论。当汤姆生回到自己座位的时候,旁边一位衣着简朴、态度和蔼的学者转过来对他说:"小伙子,你谈得不错啊!"

"先生过奖了!"汤姆生有些不好意思。

"我也一直在思考这个问题。"那位学者直率地说。

"请问,先生贵姓?"汤姆生很有礼貌地问。

"迈克尔·法拉第。"

想不到同自己谈话的竟是法拉第,汤姆生顿时肃然起敬。法拉第从皮包里取出自己写的一本电学专著《电学实验研究》递给汤姆生,建议他抽空读一读。接着,他们的话题又回到论文上。汤姆生向法拉第请教,为什么光束通过带电介质会发生极化现象。法拉第解释说,这个问题很不简单,他几次想用《电学实验研究》里的原理来验证,都没有取得成功。

"但是我相信,发生电感应现象的时候,介质一定是处在某种特殊状态中的。"法拉第坚定地说,并且表示要继续研究这个难题。

汤姆生说,他当时很想提出同法拉第合作,但他犹豫了一下,没有把话说出口。麦克斯韦问他:"为什么呢?"

汤姆生回答说,法拉第已经54岁,久病初愈,刚恢复研究工作,他怕打扰大师。一个月以后，汤姆生在皇家学院重新进行了光线极化实验，很成功。可是法拉第这时已经离开剑桥回伦敦了。

"有点可惜了。"麦克斯韦替汤姆生惋惜。

事实上，法拉第很赏识汤姆生的才能，但他并没有想到这个 21 岁的年轻人是最理想的助手。他们探索的目标尽管是共同的，特别是汤姆生又精通数学，但两人却没有能够携起手来，这的确是很可惜的。对他们两个

法拉第

人来说，都失去了一次最宝贵的机会。后来，法拉第始终没能把自己的研究提到理论的高度；汤姆生的愿望，也要到麦克斯韦手里才能变成现实。

汤姆生在担任格拉斯哥大学教授职务后，仍然悉心研究电学，而且很有进展。这时法拉第正在研究光的极化，并取得了进一步的突破。这位实验大师发现：通过玻璃的一束偏振光，它的振动面在磁场作用下会发生偏转，这就是有名的磁致旋光效应。法拉第曾经喜悦地写道："这样一来，磁力和光有相互关系就得到证明了！"消息传来，汤姆生很受鼓舞。在法拉第实验的启发下，汤姆生用数学方法进行分析，对电磁力的性质作了探讨，还试图用数学公式把电力和磁力统一起来，这确实是一个天才的想法。

就在前些天，汤姆生把研究成果写成了一篇论文。那时，他当教授才半个多月。论文完成的时间是 1846 年 11 月 28 日。汤姆生在当天的日记里写下了这样的话："上午十点一刻，我终于成功地用'力的活动影像法'来表示电力、磁

力和电流了。"

实际上,汤姆生已经走到了电磁理论的边缘,只要再向前迈进一步,就能发现真理。遗憾的是,汤姆生就在这里停步了。他也许朦胧地感觉到了曙光就在前面,但是却缺少那种锲而不舍的精神。他在笔记里匆匆地写下这么一行字:"假使我能够把固体对电磁和电流有作用的状态重新作一番更特殊的考察,我就会超出现在所知道的范围,不过那是以后的事了。"

可惜他后来再也没有做这方面的工作,因此建立电磁理论的桂冠,就只好让给了后来人麦克斯韦。

KEXUE JUREN DE GUSHI

大学时代

新来的大学生

xinlaidedaxuesheng

1847 年 9 月, 16 岁的麦克斯韦中学毕业, 考进了苏格兰最高学府爱丁堡大学, 专攻数学物理。他的两个好朋友坎贝尔和泰特, 也考入了爱丁堡大学。不过一年后, 坎贝尔转到牛津大学, 随后泰特也去了剑桥大学。

准确地说, 麦克斯韦当时还差两个月才满 16 岁, 他是班上年纪最小的学生, 座位在最前排, 站队总是在最后, 书包里揣着诗集和彩色陀螺。麦克斯韦在爱丁堡中学就很爱玩陀螺, 他在陀螺上面贴上各种颜色, 研究色彩在陀螺旋转时发生的变化。他的这种爱好, 显然不仅是出于娱乐, 而且包含有科学的思维在内。这种玩具的原理, 后来还被他应用到科学上。

爱丁堡大学

这个还没有完全摆脱孩子气的大学生,很快就成了班上的新闻人物。

第一天新生见面时,大家都礼貌地伸出手来,互相握手致意。

当他们同麦克斯韦握手时,都诧异地睁大了眼睛,有的干脆就把手缩了回去。因为按当时的习俗,大学生都要戴手套以示文雅,唯独麦克斯韦是赤着手的。他像在中学时一样,仍然不随流俗,他认为随时戴上一副手套,干什么都不方便。

他就这样"赤手空拳"地闯进了这座高等学府。

同学们不久又发现,这个年纪最小的大学生在餐桌上的表现也与众不同。

大家进餐时都彬彬有礼,谈笑风生。麦克斯韦却狼吞虎咽,而且不爱搭话,仿佛旁边没人一样。

当同学们慢慢地嚼着面包,谈论着一天里学院的新闻时,大家常常看到麦克斯韦突然一声不响地站起来,从餐桌边溜掉了。

有一次,一个满脸雀斑、外号"甲虫"的同学,想侦察一下麦克斯韦究竟去干什么,便蹑手蹑脚地在他身后紧跟着。当麦克斯韦匆匆地走进教室以后,"甲虫"就踮起脚尖,伏在门缝上向里窥探。他瞧见麦克斯韦站在自己的座位上,两眼注视着前面的一块窗玻璃,头还不停地左右摆动着。"甲虫"觉得非常奇怪,便急忙跑回餐厅,向同学们报告这个"新闻"。于是大家一窝蜂地赶往教室,挤在门缝边往里瞧,果然看见麦克斯韦正全神贯注地不断摆动着脑袋。这是在干什么呢?大家困惑不解。

谁也没猜到,麦克斯韦正在观察玻璃对光线的折射。麦克斯韦发现:当他摆动脑袋,不断改变自己眼睛的位置时,玻璃窗外物体影像的位置和形状也随之改变了。

他是一个光的崇拜者,也是一个光的探索家。童年时代,他就为"捉住太阳"而狂喜过;他向姨妈问起苹果和肥皂泡的颜色,也都与光有关;也是他,将

自己发现的画蛋公式第一个与光的折射公式联系起来……此刻，那些儿时的幻想又在他的脑海里浮现，更多的问题涌上心间：

啊，多么奇妙的光线呀！

它穿过玻璃时为什么会改变方向？

它为什么能分解出五彩缤纷的颜色？

这神奇的天使，它的本质究竟是什么呢？

麦克斯韦神思飞扬。他暂时还解答不了这些疑难，但正是这些科学之谜，引导他后来走上了探索电磁学奥秘的希望之路……

由于全神贯注，麦克斯韦丝毫没察觉教室门外有几十双眼睛正在偷看他。

有人嘻嘻地笑出声来，笑声感染了其他人……于是，走廊上掀起一片哄笑声。

"甲虫"正想说"这家伙准是脑子出了毛病"，这时一位教授走了过来。他就是一向为学生们所敬畏的福布斯教授。

教授朝门缝里一瞥，明白了大家哄笑的原因。他推开教室门，把刚从冥想中惊醒的麦克斯韦叫过来，向大家介绍："这是爱丁堡中学最优秀的毕业生，他的论文已在皇家学会学报上发表。"

"啊——"学生们发出了惊叹声。他们这时才知道这个古怪的苏格兰青年并不是庸才，几十双眼睛里顿时都流露出敬慕的目光。

麦克斯韦不好意思地低下了头，脸上泛起了红晕。

福布斯教授离开教室时，拍了拍麦克斯韦的肩头，亲昵地说："小数学家，要学会和大家打成一片！"

这句充满慈爱、语重心长的话，像一阵和煦的春风吹进麦克斯韦的心里，麦克斯韦和同学们之间的隔阂顿时冰消雪化。不久，他就成了集体当中最受欢迎的一员。

福布斯教授是位博学的自然哲学家,他兴趣广泛,多才多艺,尤其在地球物理学领域有诸多开创性的成就,包括发明地震检波器,测量地球不同深度的温度,以及研究冰河的形成年代等。他经常带领学生们到野外郊游,让大家在游乐中体会探索自然奥秘的乐趣,同时他还培养学生们敏锐的观察能力。在福布斯教授的影响下,麦克斯韦也得到了良好的科学素养训练。

《论滚动曲线》
lungundongquxian

同学们很快发现,麦克斯韦不仅才思敏捷,而且兴趣广泛。他爱写诗,还喜欢游泳、划船,是一个充满活力的小伙子。尤其是在学习上,他那善于思考、勇于探索、决不盲从的特点,给同学们留下了深刻的印象。

有一次上物理课,主讲人是一位满脸络腮胡子的中年讲师。麦克斯韦发现他写在黑板上的一个公式搞错了,起初他以为是讲师的笔误,课间休息时,他找到这位讲师,请他查对。讲师核对了讲义,答复说他没错,这个公式他已经教了好几年了。

在下半节课上,麦克斯韦在笔记的背面将公式作了反复验算,他用了三种方法,都证明讲师列的这个公式确有错误。

下课铃响了。麦克斯韦在走廊上追上讲师,再次指出那个公式确有错误,他将自己推算出的正确公式抄在纸条上,递给了讲师。讲师不以为然地笑笑说:"如果你的结论是对的,我就叫它麦氏公式!"

讲师晚上回到家里,照麦克斯韦的结论一推算,发现果然是自己错了!关键是:他的公式只在一定条件下才适用,条件变了,公式就不能成立了。几年来,他在课堂上讲授过许多次,却忽略了这一点。

老师被学生指出错误,这表明了学生的独立思考能力和创造精神。讲师又惭愧又高兴,第二天他在课堂上当众作了纠正。但是,麦克斯韦不承认这是"麦氏公式"。他谦虚地说:"我不过是给讲师作了点补充。"

刻苦和谦虚,使麦克斯韦进步很快。到大学二年级时,他掌握的数学、物理、力学知识已相当广泛,并且在《爱丁堡皇家学会学报》上又发表了一篇论文。这篇论文也是关于数学的,具有相当高的学术水平。论文的题目是《论滚动曲线》,研究的问题比蛋形曲线更进了一步,也更复杂。它主要探讨运动着的曲线轨迹,比如,一个圆沿着另一条曲线滚动,圆上的一点将会画出什么新的曲线来呢? 1849 年 2 月 19 日,这篇论文在爱丁堡皇家学会上宣读。在论文中,这个大学二年级学生论证了几十种复杂的滚动曲线,最后列出的方程式竟多达 30 多个,充分显示出他驾驭复杂数学问题的特殊才能。

麦克斯韦这时已经 17 岁了。但在爱丁堡皇家学会的主持人看来,他毕竟还是一个孩子,好像还不够资格进入科学殿堂,所以,这篇论文仍然没允许他亲自宣读。这成了科学史上的一桩趣事。因为世界上的事情,本来就不能单用年龄来衡量!

在爱丁堡大学,麦克斯韦除了在数学天地里驰骋,还进行了许多物理问题的探索。他研究了化学电池、光的特殊性质、弹性固体等等。一位器重他的物理学教授,特许他破例单独使用爱丁堡大学的实验室,这对他帮助很大。

光阴荏苒,秋天又来到了爱丁堡,麦克斯韦就要满 19 岁了。这位出类拔萃的三年级大学生,已长成一个魁梧的小青年。他长高了,也成熟了。三年的努力,使他获得了许多新知识,他对未来充满信心,但他身上的某些缺点并没改掉。麦克斯韦的思维过于匆忙,他的某些实验缺乏系统和条理,他的部分论文也常常偏于艰深,虽经过反复修改,但也只有专家们才能看懂。

从学习上来看, 爱丁堡大学给了麦克斯韦登上科学舞台前所必需的良好的基本训练。但是三年之后，对麦克斯韦来说，这个摇篮似乎嫌小了。

最先意识到这一点的，是福布斯教授。

他认为，像麦克斯韦这样的学生，应该到剑桥大学去深造。剑桥大学创立于 1209 年，是英国首屈一指的最高学府，有良好的科学传统。牛顿曾在那里工作过 30 多年，达尔文也是从那里毕业的。

一天，福布斯教授专程拜访了约翰先生。教授对他说，如果让麦克斯韦去剑桥，可以使他在世界上最好的教授指导下学习，那里的实验设备也是世界一流的。

约翰先生听了福布斯的建议，欣然同意。眼看自己的小山鹰长大了，就要远走高飞，他又难舍又高兴……

他深信儿子能做出一番事业。

他仿佛看见那广阔的蓝天上一只矫健的雄鹰在展翅高飞，搏击风云……

去剑桥深造
qujianqiaoshenzao

1850 年 10 月，麦克斯韦告别了年老的父亲和福布斯教授，踏上了去剑桥的旅程。这是他第一次远离故乡，心里十分激动。

剑桥是位于英国东南部的一个袖珍城镇，在伦敦以北 80 千米处，是英国有名的大学城，有人把它同牛津称作英国教育界的两颗明珠。麦克斯韦初到这里，感觉一切都很新鲜，几乎每天都和父亲通信，报告自己的见闻、感想和学习收获。

剑桥大学由许多学院组成。麦克斯韦最初进的是圣彼得学院，泰特比他早转到这里学习。不过学习了一段时间后，麦克斯韦又转入三一学院。原因是圣

剑桥大学三一学院

彼得学院的学风不太好，课程又卡得很死。福布斯教授特地给三一学院院长写了一封推荐信，介绍麦克斯韦，信里写道："他貌似口拙，但脑袋里全是新奇的思想。可以说我从来还没有遇到像他这样的学生，特别是在物理研究上，他有杰出的天分。"

在三一学院，麦克斯韦的才能很快就引起同学们的惊异。他思路开阔、活跃，知识面广，在物理和数学领域所掌握的知识，已远远超出大学三年级的课程范畴。可是，这个苏格兰青年不善于料理生活，学习上杂乱无章，同样也使大家感到吃惊。

当时，学校的奖学金名额很少，到剑桥读书的学生绝大多数必须自费。所以，进剑桥的学生大都是贵族豪门子弟，他们在酗酒、斗殴和游山玩水中消磨时光，不少人最后毕不了业。麦克斯韦的家庭经济条件也不错，但他千里迢迢来到剑桥不是为了镀金，而是为了求知、深造，所以他学习一直非常刻苦。

麦克斯韦到校不久，就为自己制订了一个考奖学金的计划。当时获奖学金的都是最拔尖的学生，他们可以选修比较深的课程，这样就能更好地发挥自己的所长，这是麦克斯韦非常向往的。离考试不远了，为了赢得时间，麦克斯韦每天凌晨两点就从床上爬起来，他先绕着宿舍跑两圈，振奋一下精神，然后就到大厅里的吊灯下专心读书、演题，直到东方快发白时，他才回到寝室，重新钻进被窝。夜里四周万籁俱寂，他的学习效率特别高。

不久，同学们就发现了这个秘密。大家心中都抱怨麦克斯韦，认为他不该半夜跑步，打扰别人的睡眠。三天之后，午夜时分，沿着麦克斯韦跑步的路线，皮鞋、石头、扫帚不断从门窗里飞出来，打得他晕头转向。大厅门口也不知是谁拉起了绳子，把他绊了个大跟头。麦克斯韦明白了恶作剧的原因，于是从次日起，他取消了跑步，改成在水池里用冰水浸浸头。起床时也轻手轻脚，尽量不弄出声音。

由于有扎实的基础，再加上这一段时间的刻苦用功，第二年春天，麦克斯韦终于获得史密斯奖金的第一名。名单公布那天，他高兴得一夜没睡好觉，连夜写信向父亲报告了这个好消息。

按照学院规定，得奖学金者都在同一桌进餐，麦克斯韦因此结识了一群有志有为的年轻人。他们都是学院里最优秀的学生，思想活跃，谈吐机敏，而且个个都很勤奋。在餐桌上，他们经常共同探讨问题，争论得很激烈。麦克斯韦因而逐渐克服了少年时的羞怯和不合群的毛病。

有一个戴眼镜、肤色微黑的高年级学生，是学物理的，每次进餐都坐在麦克斯韦对面。他举止稳重，不大爱讲话，但经常向麦克斯韦投来友好的目光。有一次，他善意地指出麦克斯韦拿餐叉的姿势不对，两个人就此交谈起来：

"小伙子，最好不要这样一把抓，那是乡下人的习惯。"

"谢谢你，我确实是在乡下长大的。"

"北方？"

"对，在格伦莱，离邓弗里斯很近。"

"请问尊姓大名？"

"我叫詹姆斯·克拉克·麦克斯韦。你呢？"

"哦！《爱丁堡皇家学会学报上》的论文就是您的大作？"

"是的，写得很幼稚。"

剑桥大学时期的麦克斯韦

"非同凡响!我叫布特瑞,使徒社成员。交个朋友吧。"

麦克斯韦早就听说过"使徒社",它是剑桥大学里一个由学生组织的享有盛誉的科学团体。"使徒"这个名称出自《圣经》,因为耶稣只有 12 个门徒,"使徒社"也规定以 12 人为限,每学期改选一次。整个剑桥大学平均每个年级只有 1~2 人能加入这个团体,实际上这是一个小小的"皇家学会",必须是剑桥大学最出类拔萃的学生才能有幸加入,被吸收入会在剑桥是一种最高的荣誉。

几个月以后,经布特瑞推荐,麦克斯韦也被吸收为使徒社成员。每周六,12 名才华横溢的会员都要聚会一次,探讨各种问题。从古希腊哲学家的格言到牛顿的力学思想,天上地下,无所不包。每一次讨论都使麦克斯韦获得新的启发。使徒社还定期在会员中征集学术论文,并将论文推荐给杂志发表。麦克斯韦的数学论文很受社友们的器重。

这一时期,麦克斯韦专攻数学,阅读了大量专著。不过,他的学习方法,不像法拉第那样一切都循序渐进,井井有条。社友们发现,他读书不大讲系统性,有时为了钻研一个问题,他可以接连几周别的什么都不管;而另一个时候,他又可能见什么读什么,漫无边际,俨如一个性急的猎手,在数学领域里纵横驰骋。这段时期连他写的信也是杂乱无章的。总之,麦克斯韦的才能和缺点,在剑桥大学充分表露出来了。

他是一个游泳能手,经常和朋友在剑河中游泳、划船。不过即便是划船他也不安分守己,总要想出些花样来,比如,在双桨小船上倒立蜻蜓或者翻筋斗,结果几次把船搞翻,自己也成了落汤鸡。

他的思维过于敏捷,让人难以捕捉,再加上他还保持着儿时的习惯,总爱突然提一些奇怪的问题,诸如"死甲虫为啥不导电","活猫和活狗摩擦可以产生电吗",经常使人回不过神来。

一天傍晚,他同布特瑞在剑桥河畔散步,大约是布特瑞问他一道难题的求解,麦克斯韦不停地解释着,嘴巴一直没有停过。布特瑞知道他平时说起话来和读书一样,常常是天马行空,一个题目还没有讲完,又跳到另一个题目上去了,因此听得特别仔细,可到最后,他还是没有听懂。麦克斯韦这种机枪式讲授法,给他后来当教授带来不少困难。

尽管这样,使徒社的社友们仍把他看成他们当中独一无二的人。麦克斯韦惊人的想象力,闪电般的思维力,妙趣横生的诗句把大家给征服了。

他是一个奇才,是一块璞玉,需要名师点拨,需要巧匠磨砺,才能放出异彩。

霍波金斯教授

huobojinsijiaoshou

幸运的是,一个偶然的机会,麦克斯韦遇上了"伯乐",他就是剑桥最有名望的数学家霍波金斯。

霍波金斯是一位性情温和的数学教授。一天,他到剑桥图书馆去借书,没想到他需要的那本数学专著不巧被一个青年借走了。那本书,一般学生是不可能读懂的。霍波金斯教授有些诧异,便询问借书人的名字。管理员答道:"麦克斯韦。"

教授来到学生宿舍,找到麦克斯韦,看见年轻人正埋头做摘抄,笔记上涂得五花八门,毫无头绪。他的床上、床下也是乱糟糟的,到处堆满了玻璃块、磁铁和彩色石头一类的玩意儿。

霍波金斯不由皱了皱眉头,关切地说:"小伙子,如果没有秩序,你永远成不了优秀的数学物理学家!"

麦克斯韦被教授的话深深触动了,恭敬地站起来。从这一天开始,霍波金斯自愿当起了麦克斯韦的指导教授。

霍波金斯学识渊博,功底深厚,而且教育有方,曾培养出不少杰出的人才。威廉·汤姆生就是他培养出来的高才生。麦克斯韦在霍波金斯的指导下,首先克服了学习上杂乱无章的缺点,教授对他的每一门课程、每一个选题、每一步运算,要求都很严格。霍波金斯还经常出一些数学难题让学生们解答,以此锻炼他们解决难题的能力。

有一个同学曾回忆他们解答"霍波金斯问题"的趣事:

> 麦克斯韦是个什么都喜欢聊的家伙,他和我都是霍波金斯的学生,尽管我们的座位隔得很远。但我清楚地记得,在我通宵达旦地解答霍波金斯的问题而一筹莫展的时候,麦克斯韦总是来找我闲扯,我巴不得他早点走开。最后,在我们要到霍波金斯家去的前半个小时,他才起身说:"好啦,我得去解决霍波金斯先生提出的问题了。"当我们在霍波金斯家碰面时,他已解决了所有的问题。麦克斯韦真是个奇才!

为了进一步提高麦克斯韦的科学素养,霍波金斯还把他推荐到剑桥大学的尖子班学习。这个班由青年数学家斯托克主持,他曾是霍波金斯的学生,数学造诣很高。斯托克教授很赏识麦克斯韦的才能,鼓励他把一些有创造性的发现写成论文。不久,麦克斯韦的论文就出现在剑桥的高级学术杂志上,引起了人们的关注。

经过名师的指点，麦克斯韦进步很快，不出三年就掌握了当时所有先进的数学方法，成为一名有影响的青年数学家。霍波金斯曾称赞麦克斯韦说："在我教过的所有学生中，他是我所遇到的最杰出的一个！从表面上看，他没有什么特别之处，有时候在分析中还出错。但他确实是一个天才，在他身上有一些奇特的品质，我可以预言，总有一天他会像太阳那样照耀物理学界。"

后来的事实果然证明了霍波金斯的预见。

尤其重要的是，麦克斯韦不是一个抽象派的数学家。这一点也要感谢他的老师。

霍波金斯曾告诉他，历来的数学家有两派：一派把数学看作纯粹的符号，为数学而数学；另一派则把数学当作解决科学问题的工具，让它为人类服务。

"先生认为哪一派有理呢？"

霍波金斯教授

"我赞同笛卡儿的观点——没有什么比埋头空洞的数学和虚伪的图形更无聊了，科学当然应该为人类服务！"

霍波金斯和斯托克都属于后一种人：着力于把数学和实际科学问题结合起来。威廉·汤姆生更是运用数学解决工程问题的能手。麦克斯韦受他们的直接影响，一开始就重视把数学和物理结合起来。实际上，他在中学时代画蛋形曲线时，就表现出这种良好的倾向。他得出蛋形公式后，曾想到把它同物理上的光折射公式相比较。不过，当时他是不自觉的，如今却是一种深谋远虑的科学方法了。这一点，对他后来完成电磁理论有着决定性的意义。倘若单单是一位数学家，麦克斯韦后来绝不可能创立伟大的电磁理论。

1854 年悄悄地来到剑桥，雪花漫舞，大地白茫茫的一片。这是一个不寻常的日子，23 岁的麦克斯韦完成了学业，参加了数学学位考试。考试是在 1 月举行的。考场里冷得像冰窖，麦克斯韦不得不在手腕上包了个小皮套，布特瑞还劝他带了条毯子裹在腿上。主考官是斯托克教授，要求非常严格。

麦克斯韦的考试成绩极为出色，本来是可以得第一的，可惜因为口吃，口试时他回答得不够清晰，头名的桂冠就被另一个竞争者摘去了。麦克斯韦得了第二名，他和第一名的学分相等，只是口试略逊一筹。不过，对一个剑桥大学毕业生来说，甲等优秀生第二名已经是足以值得骄傲的事情了。

也就是在这一年，麦克斯韦对电磁学产生了浓厚兴趣。法国一位浪漫主义女作家乔治桑说过："在抽刀向敌之前，必须练好剑术。"麦克斯韦在剑桥大学掌握了过硬的数学本领，正是利器在手，只待冲锋了。

KEXUE JUREN DE GUSHI

接过法拉第的火炬

大师的巨著
dashidejuzhu

麦克斯韦毕业后留在剑桥工作。起初,他研究的课题为光学里的色彩论。为什么选择这一课题,恐怕同他自幼对色彩感兴趣有关。

有一张当时留下来的珍贵照片:麦克斯韦端坐在一张椅子上,身穿紧身外套,系着领结,目光炯炯地注视着前方。他的手上拿着一个引人注目的圆盘,大小和飞盘相近,上面有几条环形的色带,这就是他制作的彩色陀螺。这种陀螺是用马口铁皮做的,上面装着手摇柄,是拿在手中转动的。麦克斯韦根据陀螺旋转时产生的色彩变化,研究颜色的组成和调配,有许多新发现。对于他来说,陀螺这时已不再是玩具,而成了科学实验的工具了。

麦克斯韦手执陀螺

为了进一步研究人的眼睛为什么能感受颜色,也就是他儿时问姨妈的"为什么能看出苹果是红的",这位青年科学家还对人和动物的眼睛进行了大量观察。对颜色和视觉的研究,只是麦克斯韦科学事业的序曲,对他来说,更辉煌的成就还在后面。但他的这些研究成果,却奠定了近代色彩学的基础,当时他不过是个 23 岁的大学毕业生。

1854 年圣诞节,麦克斯韦冒着严寒赶回格伦莱庄园,探望生病的父亲。

待在庄园的几个星期，他也没有虚度时光。麦克斯韦一面照看父亲，一面把自己对彩色视觉的研究写成论文。这是一篇很有科学价值的文章，题目为《彩色实验和眼睛视觉》，也曾在爱丁堡皇家学会上宣读。这一次是由麦克斯韦亲自宣读的，论文

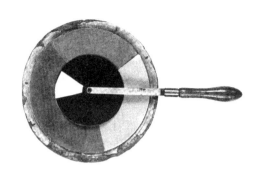

麦克斯韦的彩色陀螺

的内容得到了英国科学促进协会很高的评价。

《彩色实验和眼睛视觉》实际上是麦克斯韦对色彩学研究的总结。很快，他就从一个战场转向另一个战场，投入到一个更有吸引力的大战役中。造成这一转折的主要因素，就是受到法拉第的巨著《电学实验研究》的影响。

麦克斯韦刚从剑桥大学毕业时，写信给格拉斯哥大学的汤姆生说："我现在开始考虑要读一些应该读但是一直没有读的书了。我很想回到物理学的课题上来，我打算入侵你的禁区，攻克电学。"

他希望汤姆生能给他一些建议，他该读哪些书，是安培的还是法拉第的？

汤姆生收到麦克斯韦的信，很高兴。他在回信中鼓励麦克斯韦说："有你这样优秀的生力军加入，电学的堡垒必将被攻克。"

汤姆生建议麦克斯韦多读一读法拉第的书，尤其是《电学实验研究》。

麦克斯韦从格伦莱返回剑桥不久，就开始潜心研读法拉第的著作。

《电学实验研究》共分三卷。第一卷1837年出版，第二卷1844年出版，第三卷1849年出版。这是法拉第对自己毕生研究电磁学的成果总结，非常宝贵。麦克斯韦捧着这部精装的巨著，爱不释手。自从读中学时参观了那台"了不起的发明"后，法拉第的形象一直深深地印在他的脑海里。他把这位自学成名的大师奉为物理学界之圣。三年之后他在格拉斯哥又听了汤姆生的一席话，对法

拉第更是一心向往之。在十年之后，能够拜读大师的著作，领会他的思想、学说，麦克斯韦如获至宝。他一下子就被书中的实验和新颖的见解吸引住了，这本书把他带到了一个崭新的领域，使他心驰神往。

一连几天，麦克斯韦心潮翻滚，彻夜难眠。他推开窗户，向外凝望，夜色是那样静谧，没有一丝风。天空却是一幅壮丽的图画，那闪烁的群星，横亘的银河，仿佛蕴藏着永恒的秘密。

麦克斯韦深深地吸了一口气。他想，一个科学家的使命，就是为了探索未来。他已经感觉到，一桩伟大的事业在召唤着他，那就是人类对电磁之谜的探索。

这项事业早已有人在前面开路了。丹麦的奥斯特、法国的安培、美国的亨利、德国的楞次，都曾作出过重大贡献，最后由法拉第举起了大旗。正是这位大师，经过十年探求，发现了著名的电磁感应现象，证明了不仅电可以变成磁，而且磁也可以变成电，从而揭示出电和磁有着不可分割的联系；也是他，提出了杰出的"力线"概念，对牛顿的"超距观念"提出了大胆的挑战……

麦克斯韦回到书桌前，在烛光下翻开《电学实验研究》的后面部分，眼睛里流露出赞叹的神色。那上面记录着法拉第的"力线"实验，真是了不起的发现啊！法拉第把铁粉撒在磁铁周围，铁粉即刻呈现出有规则的曲线，从一个磁极到另一磁极，连续不断，这就是"力线"。法拉第还进一步通过实验证明了这种力线具有物理性质：磁力线愈密的地方，表明磁的强度愈大。用这种全新的眼光来洞察，磁极周围并不是一无所有，而是布满了向各个方向发出去的磁力线。法拉第把这种布满磁力线的空间称为磁场，而磁力就是通过这种连续的磁场传递的。牛顿力学的"超距作用"认为力通过虚无的空间传递、不需要时间的神圣殿堂就这样被动摇了！

汤姆生的回信

tangmushengdehuixin

东方渐晓,星星已开始暗淡。

麦克斯韦吹熄蜡烛,轻轻地合上《电学实验研究》。他对法拉第的学说深感佩服,但读完这部巨著,有一个事实引起了他的注意:在厚厚的三卷《电学实验研究》中,竟然找不到一个数学公式。这是为什么呢?

作为一位理论物理学家,麦克斯韦很清楚,物理学是离不开数学的。牛顿的力学定律、天文学上的行星三大定律,都是以数学公式的形式来概括的。法拉第的电磁学说却没有一个公式,这引起了他的思索。

麦克斯韦尊重前辈的成果,但从来不迷信任何权威,包括他所崇敬的法拉第在内。小时候父亲曾对他说"牛顿也是可以怀疑的",这句箴言他一直铭记不忘。麦克斯韦开始从不足的方面去分析法拉第的著作。他意识到,缺乏数学上的高度概括,也许正是这位大师的短处。

麦克斯韦再次写信,向汤姆生请教。

就在一年前,汤姆生在热力学研究方面取得成就之后,又回过头来对电磁学再次进行探索性研究。他用很精确的实验,证明了莱顿瓶放电具有振荡性质。实际上这是发现电磁波的前兆,真理就在眼前,只不过汤姆生没有充分意识到这一点罢了。汤姆生还用数学方法推导出电振荡过程的方程和振荡频率的公式。同年,汤姆生发表了论文《瞬变电流》。这不但是汤姆生一生中最出色的一篇论文,而且也是电磁学史上光彩夺目的篇章。在这篇论文里,他指出带电体的放电有两种,一种是连续放电,一种是振荡放电。如果是振荡放电,就会形成这样一种情况:主要导体最先失去它的电荷,然后得到比起初稍小而正负相反的电荷,这样循环下去一直到无限,而后达到平衡。

汤姆生还指出,如果放电频率太高(电火花爆发太快),肉眼不能判断,就可以用惠斯登的"转镜法"来观测。六年后,另一位科学家证实了这点。但是汤姆生没有继续研究下去,汤姆生为什么没有坚持到底,有种种原因。最主要的是当时有项举世瞩目的工程——铺设第一条大西洋海底电缆,把他吸引住了。汤姆生不是法拉第那样的实验科学家,他身上具有更多工程师的气质,对于实际的应用工程更有兴趣。这种倾向,在他30岁以后更加明显。他的"三十而立",可以说完全立在工程界了,尽管他一直是格拉斯哥大学的教授。在发表《瞬变电流》的第二年,汤姆生提出了海底电缆信号衰减的理论。随后大西洋海底电缆公司成立,苏格兰的股东因此聘汤姆生当董事。从此之后,汤姆生投身于铺设大西洋海底电缆这项巨大的工程中,成就了一生的伟业。

汤姆生收到麦克斯韦向他求教的信后,很快就寄去了回信。

这位才华超群的青年教授,毫不保留地把自己研究

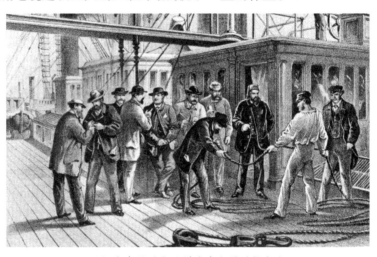

汤姆生在铺设大西洋海底电缆的轮船上

电磁学的成果告诉了麦克斯韦,麦克斯韦深受鼓舞。汤姆生所做的开拓性工作,对麦克斯韦有莫大的启发。后来,麦克斯韦正是沿着汤姆生开辟的道路一直走下去,终于完成了汤姆生没有完成的事业。

汤姆生在信中告诉麦克斯韦,法拉第的学说包含着人们没有发现的真理,

是带有革命性的。不过，法拉第是自学成才的科学家，他有许多过人之处，唯独数学修养较差，因而他的学说还缺乏理论上的严谨，这就是整个一部辉煌的《电学实验研究》中找不到一个数学公式的原因。

汤姆生还说，正是由于这个缘故，一般理论物理学家都不承认法拉第的学说，还颇有瞧不起的意思，就连英国一流学者的意见也有分歧。在一次皇家学会年会上，他曾亲耳听到一位天文学家宣称："谁要是在精确的超距作用和模糊不堪的力线观念间有所迟疑，那简直是对牛顿的亵渎！"

汤姆生的信像一盏明灯，照亮了麦克斯韦的心。这位初出茅庐的青年科学家决定献出自己的数学才能，去弥补法拉第学说定性表述的弱点。他暗下决心要从理论的高度粉碎那些愚蠢的偏见。

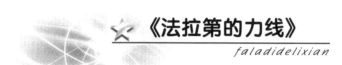

★ 《法拉第的力线》
faladidelixian

一年之后，24 岁的麦克斯韦发表了《法拉第的力线》，这是他关于电磁学的第一篇论文。

一颗新星在电磁学领域升起来了！人们惊异地注视着他的熠熠光彩。

在这篇论文中，麦克斯韦通过数学方法，把法拉第关于电流周围存在磁力线的这一思想，成功地概括为一个数学方程。法拉第的学说第一次有了定量的表述形式。虽然，《法拉第的力线》基本上还是对法拉第力线概念的数学"翻译"，但却迈出了重大的一步，因为麦克斯韦一开始就使用了数学武器，而且选择的又是法拉第学说的精髓——力线观念。这一年，恰好法拉第结束了长达30 多年的电学研究，在科学笔记上写下了最后一页。于是麦克斯韦接过了这位伟大的先驱者手中的火炬，开始向电磁领域纵深挺进。

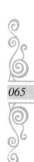

法拉第发现的磁力线

同年 12 月，麦克斯韦在剑桥大学哲学协会上宣读了这篇论文，与会者反响强烈。不论是法拉第学说的支持者还是反对者，都惊异地发现：一位电磁学的青年斗士已经披挂上阵。

在会上，麦克斯韦成了人们关注的焦点。

会议结束后，麦克斯韦怀着兴奋的心情，把论文寄给了在伦敦的法拉第。

信投进了绿色的邮筒。能否收到这位大科学家的回音呢？麦克斯韦没有把握，但是，他满怀希望地期待着。

1855 年圣诞节过去了。天空飞舞着鹅毛大雪，剑桥披上了一层美丽的银装。

一天中午，麦克斯韦刚刚走出寓所，邮差就送来一封从伦敦寄来的信，信封是浅蓝色的，上面用工整的字体写着"剑桥大学詹姆斯·克拉克·麦克斯韦先生启"，落款是"伦敦皇家学会"。

麦克斯韦激动地拆开信封，用微微发颤的手取出信纸，他的心欢跳起来：这是法拉第的亲笔信！

这位电学大师热情地祝贺麦克斯韦取得的成绩。他在信中写道：

我收到了你的论文，非常感谢你把它寄给我。关于你对"力线"所说的那些话，我不敢冒昧地向你道谢，因为我知道你已经掌握了它的精髓，更接近真理了。不过，你一定会猜想到，你的工作使我感到十分欣慰，并促使我做进一步的思考。当我看到你给这个课题加上如此精深的数学时，起初几乎把我吓了一跳，后来我却惊奇地发现，这个数学加得很妙！

泪水模糊了麦克斯韦的眼睛，他太激动了。雪花飘落在他的头上、肩上，堆积成厚厚的一层，他也没有留意。他从法拉第的评价中，感受到一种巨大的鼓舞力量。他仿佛握住了大师那双温暖的巨手，从那里接过了伟大的接力棒。

是啊！老一辈科学家将希望寄托在他们这一代身上了。

这位电磁学的接班人认准了主攻方向，就坚定不移地奋勇向前，他后来的一系列论文，步步深入，都是沿着这条正确路线取得的。

啊，父亲！

a fuqin

生活的道路总是不平坦的。

正当麦克斯韦在电磁领域迈出很有希望的步伐时，一桩不幸的变故打断了他的研究计划。

麦克斯韦在剑河畔徘徊，脸上笼罩着愁云。已经整整半个月没有收到父亲的来信了，他的心里有一种隐隐的不安。眼前是一派肃杀的冬景，望着河边垂柳苍黑的枝条，他的神思遥想到千里之外的格伦莱庄园。

一年前他赶回故乡探望父亲时，老人的身体就很差，他两鬓凝霜，明显地消瘦了，多走一段路都会气喘不止。当时，麦克斯韦决定在格伦莱多住一段时间，以便照顾父亲。但是，约翰先生不愿意影响儿子的研究和学习，执意不让他久留。在父亲一再催促下，他才返回剑桥。临走时，父亲站在马车旁向他挥手告别的情景，至今还历历在目。他那瘦弱的身影直立在寒风中，真像一棵挺拔的苍松……

河面上吹来一阵冷风，麦克斯韦紧了紧外套，缓步踱回学院。多年来他同父亲几乎每天通信，交换各种科学思想和社会见解，也畅谈有趣的日常生活，

这已经成了他生活中不可缺少的一部分。中断音讯半个月之久,这还是第一次呵!

在焦灼中几天又过去了。

这天,麦克斯韦正在研读几篇最新的电学资料,邮差送来一封从格伦莱寄来的家信。

麦克斯韦接过信,一眼就看出信封上不是父亲的笔迹,心头不由得一紧。近年来他一直担心的事终于发生了:父亲病情恶化,以致卧床不起,信是别人代写的。

麦克斯韦读完信,心情像铅一样沉重。他对父亲的感情是难以用言语表述的。他俩不仅是相依为命的亲人,而且从幼童时起父亲就是他走上科学道路的引路人。母亲去世后,十多年来,为了他的成长和事业,父亲倾注了全部心血,甚至终生没有再娶。几年前,父亲忍受着感情上的巨大牺牲,支持他到远离家乡的剑桥去深造,并且仍然像在爱丁堡大学时期一样,始终与他保持着密切的通信联系,鼓舞他,鞭策他,和他共同探讨科学上的问题。

麦克斯韦心中明白,他能成为一名年轻的科学家,与有这样一位非同寻常的父亲是分不开的。父亲的心血,不仅在作为儿子的麦克斯韦的血管里回流,在他的事业成长中也起到了滋养作用。可是,正当他开始在科学上为人类作出贡献时,父亲却倒下了!

麦克斯韦噙着眼泪,给父亲写了一封信,决定暂时中断在剑桥的研究工作,立即赶回家乡爱丁堡看望他。但是约翰先生收到信后,表示不同意儿子这样做。

正在这时,爱丁堡大学的福布斯教授给麦克斯韦来信说,在阿伯丁的马锐斯凯尔学院正好缺一名自然哲学教授,他征求麦克斯韦的意见愿不愿意考虑。

阿伯丁是苏格兰北部的一个海港,距爱丁堡只有 200 千米。这确实是一个难得的机会。虽然麦克斯韦对剑桥深有感情,他的电磁学研究也才刚刚开始,可是为了照顾病重的父亲,他还是决定离开剑桥大学,去阿伯丁马锐斯凯尔学院任教。

3月底,剑桥大学放假。麦克斯韦搭乘一辆古旧的马车,经过长途跋涉,回到了爱丁堡。约翰先生为了治疗方便,已从格伦莱庄园搬到爱丁堡城里。他看见儿子从远方归来,感到莫大的快慰,病好像突然减轻了。几天之后,他居然可以下地行走了。

在医生的许可下,麦克斯韦陪着父亲回到格伦莱庄园。两天的旅程是非常疲劳的,但老人的精神很好,他为能同儿子一起回到乡间感到高兴。约翰先生似乎已经意识到自己生命的历程不会太长,但是他亲眼看见儿子已成为有作为的科学家,他的内心是欣慰的、满足的。

经过一番努力,马锐斯凯尔学院回函,表示愿意接受麦克斯韦的申请,同意考虑让他担任缺额的教授,不过,还需要等候一段时间。

麦克斯韦日夜陪伴着父亲,竭力想减轻病魔给老人带来的痛苦。但不论儿子如何虔诚,还是未能阻挡死神的降临。

1856年春天快要到来时,约翰先生溘然长逝。时间是4月3日,星期四,这是麦克斯韦一生中最悲痛的日子。

头一天夜里,父亲一直处于昏睡状态,麦克斯韦守在床边,通宵

晚年的约翰先生

达旦。黎明时分,约翰先生清醒了。他忽然感到轻松了,心情显得很安宁,脑子也很清楚,像往常一样吃过早饭,甚至叫麦克斯韦扶着他到花园里散了一会儿步。午饭前,麦克斯韦到客厅里去看他时,却发现老人倒在窗前的一把椅子上,气息奄奄。麦克斯韦急忙想扶他到沙发上躺着,老人却微微摇了摇头。他的目光凝视着窗外,越过格伦莱的田野投向天边,显得异常清澈。麦克斯韦拿起急救药,但是已无济于事。父亲发出一声低沉的呼唤,头枕在儿子的手臂上,静静地离开了人世,脸上凝结着宽慰的微笑……

父亲的去世,无疑是麦克斯韦生活中不可弥补的损失。他不仅失去了慈父,也失去了一个最亲密的朋友和导师。之后很长时间,他都摆脱不了这一巨大的悲痛。

料理完父亲的后事,麦克斯韦正准备返回剑桥时,马锐斯凯尔学院的聘书到了。他拿着聘书,不禁踌躇起来:对于剑桥大学他是留恋的,那里有一个他初辟的战场。再说,父亲既已去世,他留在阿伯丁的意义也不大了。更主要的是,他的电磁研究刚刚开始,他不能确定在阿伯丁有没有合适的研究条件。不过,马锐斯凯尔学院的任职是经过国务大臣正式批准的,不能随意变动,而且据说该院院长第华博士又很赏识他。麦克斯韦不好推卸,只好走马上任。谁知这一去,竟导致他的电磁研究推迟了四年。

KEXUE JUREN DE GUSHI

伟大的预见

在阿伯丁

zaiaboding

麦克斯韦在去阿伯丁就职之前，又返回剑桥办理了一些事务，为此盘桓了好几个月。

这年秋天，麦克斯韦来到马锐斯凯尔学院，11 月开始正式教课，他这时 25 岁。讲座的名称是"自然哲学"，其实是物理学的别名，与哲学没有多大关系。麦克斯韦发现，马锐斯凯尔学院的教授多是老学究，最年轻的也 40 多岁了，教授的平均年龄为 55 岁。他在给坎贝尔的信中调侃说："在这里任何玩笑都不能开。两个月来我还未曾开过一个玩笑，有时候一个玩笑已经到了嘴边，但还是将它咽了下去。"

不过，这些"老学究"倒是很好客，对新来的年轻教授颇为热情，经常邀请麦克斯韦到家里共进晚餐。麦克斯韦在教授家里吃饭的次数，比自己进餐的次数还多。他和同事们打成一片，渐渐地融入了新的环境。

父亲的病故、工作的变动，打乱了麦克斯韦的研究计划。为了准备新开的讲座，他无暇他顾，不得不把电磁现象的探索搁置下来。但是法拉第的学说，却像一团熊熊的烈火，一直在他胸中燃烧着，使他不能平静。

不久，麦克斯韦登台讲课。尽管事先花了大量功夫进行准备，但第一次走上讲台时，他还是相当紧张。

他看了看下面，几十双年轻的眼睛正望着他。第华院长也坐在一侧，目光中充满了关注。麦克斯韦竭力控制住自己紧张的情绪，心里默默告诫："讲慢点，再讲慢点！"

他清了清嗓子，说了声"同学们好"，然后拿起了讲义。

可是，一旦他开起口来，他的话又像脱缰的野马一样收不住了，再加上他的发音又不太清晰，简直像一挺高速机枪，两个钟头的内容，他一个钟头就扫射完了。

看见座位上的学生大多目瞪口呆，麦克斯韦又从头到尾讲了一遍。结果，学生们还是面面相觑。究竟有几个学生听懂了这堂课，他心里真没谱。

院长同情地摇了摇头。

麦克斯韦的额头开始沁出豆大的汗珠。

同学们的面部表情，一个个好像腾云驾雾了一阵刚落地一样。

幸亏下课铃响了，麦克斯韦才从尴尬中解脱出来。

全班几十名学生一哄而散，有的在冲出教室时还回头吐了吐舌头。

没想到，生平第一次讲课就失败了，麦克斯韦站在黑板前，心里有些沮丧。这时，院长走上来拍了拍他的肩头说："没关系！我第一次讲课时比你紧张多啦。失败是成功之母嘛！"

为了总结这次失败的教训，麦克斯韦决定反省自己的讲授法。

从第二天开始，麦克斯韦一早就起床，穿过晨雾，来到学院的苗圃附近。这里种满了密密的柏树苗，后面是一片枝条交错的杂木林。这位青年教授选好一个位置，把一排排整齐的树苗当作假想的学生，进行试讲，就像演员进行彩排一样，十分认真。

一天清晨，麦克斯韦又来到苗

阿伯丁的马锐斯凯尔学院

圃前,树林里空气清新湿润,不时可以听到小鸟在啁啾。

麦克斯韦稍微活动了一下身体,开始在林中练习纠正自己的口音。练得起劲时,他一面咬字酌句,一面向一簇矮树丛滑稽地比着手势。

忽然,身后传来嗤嗤的笑声。

麦克斯韦掉头一看,是一位身材苗条的姑娘,脖子上围着淡紫色披巾,手里拿着诗集,两眼含着好奇的嘲笑。

"呵!对不起,打扰您了。"青年教授窘得满脸通红,连忙表示自己神志是清醒的。

"先生为什么要这样装腔作势呢?"姑娘率直地问道。

麦克斯韦讲起他在课堂上的失败。姑娘听后,愈发笑得厉害了。最后,她教了他一条妙计。

"只要你觉得驾驭不住讲话的速度时,你就咬住舌头,保证你可以镇定下来。"

事后,麦克斯韦才知道,这位给他出谋献策的姑娘名叫凯塞琳·玛丽,是第华院长的女儿,她很喜欢文学。麦克斯韦照着她的话去做,果然很见效。慢慢地,他能控制自己讲课的速度了。

两个月后,麦克斯韦高兴地写信给剑桥的朋友说:"谢天谢地!两个月来我在讲台上总算没闹过笑话。一旦我感到要走火了,就咬住自己的舌头,于是马上就不出声了!"

就这样,麦克斯韦在阿伯丁开始了他极富戏剧性的教学生涯。

他实在不是一个演说家,而这却是一个优秀讲师所必须具备的条件。世上有很多杰出人才,智慧超常,学识渊博,很能写,却不擅长口头表达,麦克斯韦就属于这种类型。他讲起话来可能游移不定,杂乱无章,然而他的论文却内容精当,论述严谨。这是学院里一致公认的。

麦克斯韦和学生们的关系相处得很好,他是个年轻人,没有学究的架子。学生们把他当作朋友,他也乐意帮助学生。这些学生大多来自阿伯丁地区,各种家庭出身的都有,有富家子弟,也有不少来自农村的学生。麦克斯韦对他们一视同仁。

马锐斯凯尔学院的图书馆藏书很丰富,但图书馆有个规定:学生只能借两本书,教师借书数量不限。学院里不少老师利用这一特权,大借图书,为城里的亲戚朋友开后门,而真正急需参考书的本院学生却常常借不到。麦克斯韦替学生们打抱不平,但旧规难改,于是他就以自己的名义帮学生借书,一借就是一大捆。图书管理员起初很奇怪:麦克斯韦先生怎么一次能读这么多书,就是一目十行也不行呀!后来他们才发现,这些书都是麦克斯韦为班里的学生借的。

晚上,麦克斯韦还定期到工厂夜校去给工人们进行义务教育。他在剑桥时和朋友们也经常这样做,但在阿伯丁却是新鲜事。马锐斯凯尔学院的教师从来没有搞过院外教育,个别保守的教授因此对麦克斯韦心生妒忌,常在背后说他的坏话。但是第华院长主持正义,积极支持麦克斯韦的行动。过了一段时间,其他教师也跟着他去夜校上课了,工人们非常欢迎。这件事虽然不大,但表现出麦克斯韦的高尚品质。

土星的光环
tuxingdeguanghuan

在阿伯丁这段时期,麦克斯韦虽然暂时中断了电磁研究,但他的事业并没有停止。四年的时间里,他在天文学和气体力学两个领域里都取得了重要成就,可以说,这也是为他日后攀登电磁学顶峰进行的有益准备。

为什么麦克斯韦选择天文学作为研究目标?原因是多方面的。由于时代、

环境种种因素的制约,一个科学家的道路,常常不能完全由自己选定。而且科研者本人,往往也不易准确判断当时走哪条路能获得最大成功。科学之路没有捷径,必须不懈地探索,不停地攀登。麦克斯韦虽然在电磁学上已经迈出了重大的一步,但他清醒地意识到,要揭开电磁之谜,将是一场持久战,需要付出毕生的精力。他还没有积蓄起足够的能量,还在徘徊,在找寻突破口。

1855 年剑桥大学的圣约翰学院曾设立了一笔奖金,课题是当时世界瞩目的土星光环运动。土星是太阳系八大行星中最奇特的一颗星,在土星周围有一个明亮的光环,很漂亮,这个光环的形状从地球上看呈现出周期性变化。许久以来,天文学家对土星光环的形成和运动特点有种种猜测,但一直解释不了。

圣约翰学院在 1855 年设立的奖金,引起了科学界广泛的兴趣,不少学者跃跃欲试,可是两年过去了,没有一个人获得成功。麦克斯韦倒不是被奖金所吸引,他是想在冲刺电磁学之前,先试试自己的数学功力,看能不能利用理论分析的方法解决这一难题。麦克斯韦在给朋友坎贝尔的信里透露说:

> 我一直在攻克土星光环这个难题,并不断向它发起进攻。我对固体环已经取得一些突破,现在开始在液体环中溅起水花,其中符号的冲突令人惊骇。一旦我重复研究它时,它就好像一个若隐若现的环难以捕捉,这有点像克里米亚战争的围城战——一边的炮群绵延 100 英里(1 英里相当于 1.6 千米),另一边却绵延 30000 英里,围绕着一个半径为 170000 英里的圆周——而且射击从未停止。

麦克斯韦干得很出色。经过严密的分析和计算,1856 年他完成了一篇题目为《土星的光环》的论文。这篇论文总计 68 页,有 200 多个方程式。评审委员会审议这篇论文时,花了整整两个月。

土星光环最早是伽利略发现的。1610年7月,伽利略把放大倍数只有30倍的望远镜对准了土星,看到土星两旁有某种奇怪的附属物。实际上,他所观测到的便是土星两侧的光环部分。因为望远镜的倍数不够,观测的结果有点模糊,所以伽利略并没有认识到这一点。在这之前,伽利略已发现了木星的四颗大卫星,于是他相信土星两侧也有两个卫星之类的小天体。由于情况不如木星卫星那样确定无疑,出于谨慎,伽利略没有宣布这一发现。1659年,荷兰科学家惠更斯证实了,伽利略观测到的是一个离开土星本体的光环。惠更斯宣称:"土星周围有一个又薄又平的光环,它的任何部分与土星都不接触,光环平面与黄道面斜交。"但这个光环由什么组成,惠更斯也解释不了。自惠更斯以后,天文学家们经历了漫长的探索过程,都没有揭开土星光环的神秘面纱。在两百年的时间里,土星环一直被认为是一个或若干个扁平的固体物质盘。

麦克斯韦从理论上证明了,这种环必须是由围绕土星旋转的一大群小卫星组成的物质系统,而不可能是整块固体物质盘。

在《土星的光环》这篇杰作中,麦克斯韦成功地运用数学物理方法,论述了土星

沉思的麦克斯韦

光环是由一群离散的小物体构成,他的分析和论证具有很强的说服力。一位老科学家读了论文后惊叹地说:"我从来没有见过这样出色地用数学解决实际问题!"圣约翰学院的评审委员会最后宣布:这项使许多人羡慕的亚当斯奖由麦克斯韦获得。当时,他年仅27岁。麦克斯韦的结论38年后被美国天文学家基勒所证实,这表明他赢得这一荣誉是当之无愧的。基勒通过观测发现,土星环

不同部分的旋转速度随着到土星中心距离的增大而减小，并且符合开普勒运动定律。如果是刚体(所谓刚体，即在外力作用下，体积和形状都不会发生改变的物体)转动，则转速会随距离的增大而增大。这样就无可辩驳地证实了，光环是无数个各自沿独立轨道

土星的光环

绕土星旋转的大小不等的物质块。20 世纪 80 年代初，美国发射的"旅行者 1 号"太空探测器拍摄的照片，进一步证明了土星光环的结构正是麦克斯韦预言的那种类型。

如果按照这条路走下去，麦克斯韦或许会成为一名出色的天文学家。可是天文并不是他的理想，他的理想仍在电磁领域。在土星光环研究中，涉及气体力学方面的难题，麦克斯韦也下了相当大的功夫，提出了著名的"麦克斯韦速度分布率"。在推导过程中，他运用了数学上的统计概念，这是成功的关键。

这两项重大成果，虽然都没有直接涉及电磁学，却充分证明麦克斯韦已经具备了一个数学物理学家的相当造诣。对他来说，物理学是探讨的课题，数学则是得心应手的工具。一旦他把全部精力都集中到电磁学上，异彩就会闪现出来了。

就在麦克斯韦的论文《土星的光环》夺得亚当斯金奖的时候，汤姆生正忙着铺设第一条大西洋海底电缆。这条电缆将沟通欧美大陆的电报通信，令全世界瞩目。英美政府拨出两艘海船，专供施工使用。电缆两头的登陆点，是加拿大的纽芬兰岛和英属爱尔兰岛。这两个岛一西一东，隔着大西洋，是欧美之间相距最近的地方。电缆工程开始铺设的时候，电气工程师华特霍斯因病拒绝随船出航。董事会请汤姆生来代理他的职务，虽然没有薪金，但汤姆生还是答应了。不巧的是，电缆沉放到 330 海里的时候，意外地发生了断裂，

第一次沉放失败了。

麦克斯韦闻讯，写了一首诗寄给汤姆生，替这位师友打气。

这首诗诙谐地写道：

在海底，在海底，

没有一丝信号传到我这里。

在海底，在海底，

一定是出了什么问题；

电缆断了，电缆断了，电缆断了？

什么原因？就是不清楚。

然而一定是有什么东西折断了电报线，

拉呀，拉呀，拉呀，

它们承受的力太大啦！

汤姆生回信感谢麦克斯韦的关心和好意，并表示失败是成功之母。

这位格拉斯哥大学的教授没有因为受到挫折而气馁。他对事故进行了分析，找出了电缆断裂的原因是由于表层机械强度不够，很快，这个问题就解决了。汤姆生还通过大量实验，解决了接收弱电信号的关键问题。

1858 年春夏之交，大西洋海底电缆沉放工程再次施行，"阿伽门农号"海船载着电缆从北美出发，东渡大西洋。8 月 5 日上午，电缆在爱尔兰着陆。下午3 时 55 分，汤姆生拍发出从欧洲到美洲的第一份电报。5 分钟后，美洲一端清晰地收到了信号。茫茫的大西洋终于被征服了！消息传开后，大西洋两岸的人们都欢欣鼓舞。

麦克斯韦闻讯后，由衷地向汤姆生表示祝贺，并告诉他自己也有喜事临门。

拜会法拉第

baihuifaladi

在阿伯丁，麦克斯韦的个人生活也有了重大收获。在这里，他找到了志同道合的终身伴侣。这就是麦克斯韦所说的喜事。

1858年2月18日，麦克斯韦写信给珍妮姨妈，告诉她自己订婚了。他在信里兴奋地写道："亲爱的姨妈：这封信要告诉你，我就要有妻子了。我要告诉你的是，我们彼此需要，而且比我见到过的任何一对伴侣都更知心。你不用担心，她不是学数学的。要知道在数学以外还有很多别的事情，而她并不想以数学取胜……她的父亲是位和蔼可亲的院长，待人热忱。她的母亲出入上流社会，但为人安静而严谨，待人接物谦虚而忍让……情况就是这样。我和她的事情已经定下来了，事事如意。我希望哪天让你认识一下……"

麦克斯韦还用诗句抒发了自己对未婚妻的感情：

　　　你和我将长相厮守

　　　在生机盎然的春潮里，

　　　我的神灵已经

　　　穿越如此广阔的寰宇，

　　　我会将我的整个生命

　　　导入这生机盎然的春潮，

　　　让我执子之手，

　　　穿越这世界的广衰！

婚礼举行的时间,是 1858 年迎春花盛开的时节。阿伯丁教堂外面的花坛里,到处点缀着金灿灿的小花。新娘子的头上戴着金色的花环,她端庄温柔,鸭蛋脸上一双灵秀的蓝眼睛含着羞涩的神情。

仪式之后,麦克斯韦挽着新娘从教堂里走出来,接受老院长和朋友们的祝福,他的脸上洋溢着幸福的喜悦。这新娘不是别人,就是两年前他在苗圃旁邂逅的凯塞琳·玛丽。从这一天起,他俩的命运就紧紧地联系在一起了。第华院长看见女儿和麦克斯韦结成连理,高兴得合不拢嘴。他当初相中麦克斯韦来马锐斯凯尔学院做教授,没想到竟然成了他的女婿。

凯塞琳虽然比麦克斯韦大 7 岁,但看上去很年轻,与麦克斯韦很般配。她容貌美丽,身材修长,是个聪明好学的女性,也是一个温存体贴的妻子。她料理家务不算能干,但对麦克斯韦的事业却给予了宝贵的帮助。

1860 年初,马锐斯凯尔学院与阿伯丁的皇家学院合并,成立了阿伯丁大学。两所学院的自然哲学讲座只能保留一个教授名额,经过双方一番紧张的幕后活动,结果麦克斯韦的教席被裁减了。《爱丁堡评论》提及此事时,曾暗示麦克斯韦的知识确实很丰富,但是口头表达能力欠佳,相对不适合做老师。事实上,麦克斯韦是马锐斯凯尔学院最年轻、最有才干的教授,深受学生们的爱戴。在女儿的央求下,第华院长到教育厅据理力争了几次,但最终没有成功。

后来才知道,这仅仅是因为皇家学院那位自然哲学教授的资历比麦克斯韦老,而且事先早已做了手脚。凯塞琳听父亲讲后,感到愤愤不平,而麦克斯韦却坦然面对。

正在这时,从爱丁堡大学传来消息,要聘请一位自然哲学教授。麦克斯韦和妻子商议后,决定申请这个职位。

不久,他来到爱丁堡。重返母校,一切都使麦克斯韦感到亲切。他的恩师福布斯教授这时已经退休。学院里的教学大楼、操场、草坪依旧,教师却换了许

多。回到母校，麦克斯韦才获悉，这次应聘自然哲学教授席位的共有三人。另外两人是他在剑桥的同学，其中有一个还是他中学的朋友，就是那个经常同他较劲的泰特。

这回又是一次友好的竞争。三人中究竟选谁，学院当局决定用考试来决定。要是论科学素养和学识，不用说麦克斯韦是稳拿第一的。但同时要测验讲课的口才，他就吃亏了。因为学院聘请的是讲课的教授，不是科学家，必须重视语言表达能力。考试结果，麦克斯韦名列第三，连主考官对他的讲课能力都表示怀疑。最后泰特成为爱丁堡大学新任的自然哲学教授。当时一家爱丁堡杂志评论这次选试结果，也颇替麦克斯韦惋惜。

麦克斯韦返回阿伯丁，诙谐地对凯塞琳说："这下我该失业啦！"

"你是怀才不遇，亲爱的！"妻子怜爱地说。

"没什么，未能中选爱丁堡大学的自然哲学教授，自然是件憾事，但世界还大嘛！"第华博士替他打气道。

老岳父的话，使麦克斯韦的心情豁然开朗，他一下子想到了伦敦。

在阿伯丁这四年，麦克斯韦心里一直有一桩心事，那就是用数学工具总结法拉第的学说。这个宏愿四年前他只开了个头就搁浅了。即便是在研究土星光环的苦战中，只要见到有关电磁方面的文章，都会使他心潮起伏，异常关注。他的案头一直摆着法拉第的巨著《电学实验研究》，每当打开这部辉煌的巨著，他的思绪就像万马奔腾一样难以平静。这位大师给物理学描绘了一幅多么形象的图画呵！电、磁、光、力线、波动……在这背后隐藏着什么规律呢?麦克斯韦一直在苦苦思索着。他到阿伯丁之后，一直同法拉第保持着通信联系。他虽然从未见过这位大物理学家，但经常通过书信与他交换有关电磁之谜的看法，也从中得到不少教益。法拉第在伦敦也一直关注着他的研究进展。

"既然去向未定，为什么不给伦敦去封信试试呢?"麦克斯韦寻思着。

当天晚上,他在烛光下给法拉第写了一封信。在信中,麦克斯韦诉说了自己的处境和未来的研究计划,希望老前辈能给予帮助。

法拉第很快就寄来回信。这位皇家学会资深会员高兴地告诉年轻人,他愿意推荐麦克斯韦到伦敦皇家学院任教。

麦克斯韦捧着来信,高兴得跳了起来。凯塞琳的脸上也泛起了愉快的红光。

1860 年初夏,麦克斯韦夫妇告别了第华院长,乘车南下,踏上了奔赴伦敦的旅程。对麦克斯韦的事业,这是一次具有决定意义的行程。

一到伦敦,麦克斯韦立即去拜访法拉第。不巧,这位老人已到英国女王两年前送给他的汉普顿别墅休假去了。

麦克斯韦先到皇家学院办理手续,几天后就投入到新的研究工作中。他积蓄了几年的光和热,终于要迸发出来了。

盛暑过去了,法拉第回到了伦敦。一个晴朗的早晨,麦克斯韦怀着崇敬的心情,再次去拜访这位大师。

这在科学史上是一次具有历史意义的会晤。

青年物理学家递上名片。片刻,一位和蔼可亲、两眼闪着智慧光芒的老人走了出来,他就是举世闻名的法拉第。这位电学大师已经年近七旬,两鬓斑白,他微笑着,同麦克斯韦一见如故,亲切地交谈起来。

阳光沐浴着这两位伟人。

他们不仅在年龄上相差 40 岁,在性情、爱好、特长等方面也颇不相同,可是他们对物质世界的看法却产生了共鸣。

这真是一种奇妙的结合:法拉第快活、和蔼,麦克斯韦严肃、机智;法拉第是一团温暖的火,麦克斯韦像一把锋利的剑;麦克斯韦不善于说话,法拉第演讲起来却娓娓动听;一个不懂数学,另一个却精通数学,而且运用自如。两人的科学方法也恰好相反:法拉第专长于实验探索,麦克斯韦擅长理论概括。可以

说,这两代巨匠是互相辉映、相互补充的。

在交谈中,法拉第提到麦克斯韦四年前的论文《法拉第的力线》。他说没有想到论文的作者这么年轻。

法拉第　　　　　　　　　　　　麦克斯韦

麦克斯韦诚恳地征求法拉第的意见。

"我不认为自己的学说一定是真理,但你是真正理解它的人。"法拉第亲切地微笑着。

"先生能给我指出论文的缺点吗?"麦克斯韦谦虚地说。

"这是一篇出色的文章,"法拉第沉吟道,"但你不应停留在用数学来解释我的观点,而应该突破它!"

"应该突破它!"法拉第的话像一把金钥匙,开启了麦克斯韦的眼界;更像一盏明灯,照亮了麦克斯韦探索的道路。

麦克斯韦的心弦被拨动了。他兴奋地对法拉第说,他手头还有一个气体动力学的研究课题,正搞到一半,他决定尽快完成这个课题,然后集中精力进行电磁学的理论探讨。

法拉第紧握麦克斯韦的手,充满信任地说:"我等着你的好消息,年轻人!"

在回家的路上,与法拉第告别时的对话久久萦绕在麦克斯韦的耳畔:"先生,不知我能不能常来打扰您?"

"当然欢迎。我虽然老啦,也许还能帮你出点主意。"

一路上,麦克斯韦兴奋得像个大孩子,觉得眼前的一切:蓝天、白云、花圃、鸽群,仿佛都在朝他微笑。他加快了步伐,急着要把会面的情景告诉凯塞琳,她一定也会高兴的。

这次会见,在麦克斯韦一生中是具有历史意义的。法拉第的眼光、智慧,身上蕴含的那种伟大的谦虚和朴实,以及对后辈的关怀,都深深地打动了他。他真是一位巨人!麦克斯韦意识到:他正站在这位巨人的肩上,他应该看得更远——这是历史的使命,也是这位科学老前辈的殷切期望。

忠诚的伴侣
zhongchengdebanlü

在拜访法拉第后不久,麦克斯韦夫妇搬进了伦敦的一所新居。这是一幢很适意的房子,位于一座公园的附近。麦克斯韦之所以选中这个地方,主要是因为住宅有一个狭长的顶楼,正好可以用来进行实验。

邻居们对新迁来的这对夫妇很感兴趣,经常从窗口好奇地打量他俩。

他们发现:男主人30岁左右,穿着简朴,蓄着黑色的胡须,走起路来总像在追赶着什么;女主人是一个身材修长的金发女郎,皮肤白皙,举止文雅。看上去,两人真是天生的一对。可是这对夫妇从哪里来,是干什么的,他们却一无所知。

一位好事的胖妇人猜测:男主人八成是一位律师,因为她发现这位先生神

情严肃,进进出出总爱夹着一本厚书。

但是没过几天,她又犯疑了。

一天早晨,胖妇人看见麦克斯韦站在顶楼的一个窗户前,死死地盯着一口"棺材"看,她感到很奇怪。快到中午的时候,她向顶楼瞥了一眼,发现麦克斯韦还在那里呆呆地望着"棺材",她不由得大吃一惊。当天晚上,这则"新闻"就在邻居中传开了,有人说楼上的先生可能是个疯子。

其实,麦克斯韦正在做色彩视觉实验,他使用的仪器是几年前他发明的彩色盒。这是一个一米多长的大木盒,里面有许多反射镜,盒子的外形是长方体,所以被邻居误认作"棺材"了。到伦敦后,麦克斯韦的注意力更多地转向电磁学,他是在做最后的总结性实验。

又过了几天,邻居们发现了一件更奇怪的事。他们看见顶楼上不断有蒸汽和浓烟冒出来,在烟雾腾腾的窗口,交替地露出男女主人汗水淋淋的面孔,两人的头发又湿又乱,表情却若无其事。

搞什么鬼呀?正值盛夏时节,顶楼上还生火!丈夫是个"疯子",难道妻子也神经不健全么? 邻居们赶到楼上,也不顾礼貌,哐的一声,推开了顶楼的木板门,当他们跨进屋子里时,都愣住了。他们看见的,竟是一个科学家的业余实验室。麦克斯韦的妻子正向一个大炉子里添煤,炉子烧得通红,炉子上一只铜盆里蒸发着水汽,旁边的地上排列着一盆盆显然是刚煮沸的水,桌上摆着各种仪器。整个房间水雾弥漫,简直像是走进蒸汽浴室里了。麦克斯韦进行的是气体动力学实验,也就是他对法拉第所说的希望尽快完成的那个课题。

看见这些不速之客闯了进来,麦克斯韦和妻子虽然很诧异,却友好地接待了他们。科学家简要地向邻居们介绍了实验的内容。当然,大部分他们没有听懂,不过都明白了这是很重要的研究。

顶楼里又闷又热,邻居们看见凯塞琳脸上挂满了汗珠,头发也湿透了,都很感动。他们没想到这位娇弱的夫人也是一位实验家。

邻居们很快就告辞了。从此以后，他们不再为顶楼上发生的事大惊小怪了。他们常向那个窗户投去充满敬意的一瞥，能和一对科学家夫妇住在一起，他们感到十分光彩。

1860 年夏季，对麦克斯韦来说，是忙碌的，也是丰收的。在凯塞琳的鼓励和协助下，他的两个课题都取得了预期的成果。其中关于色彩视觉的成果，使他荣获了皇家学会的奖章。这是一枚金质奖章，缀着彩色缎带。当凯塞琳向他祝贺时，麦克斯韦却把奖章别在妻子的胸前："这荣誉应该归你，亲爱的！没有你的帮助，我是不可能取得这些成就的。"

凯塞琳甜蜜地笑了。

想到马上将转入酝酿了多年的一场新的战役，麦克斯韦非常振奋。

夏末，作为一次短暂的小憩，麦克斯韦同妻子回到格伦莱庄园度假。他随身带着一个小皮箱，里面装着大量关于电磁学的资料，是他这几年精心收集整理的。

格伦莱的初秋非常美丽，山峦起伏，流水淙淙，草地上散发着香甜的气息，庄园里十分宁静。

麦克斯韦除了料理一些庄园的事务，大部分时间都用来研究电磁学资料，常常熬到深夜。阅读着这些资料，在他面前展现出一个神奇壮观的世界。但那些奇妙的现象、深奥的道理、隐约可循的规律，仿佛又蒙着一层迷雾，让人很难捕捉。有多少科学家曾经闯入这块领地，他们的成果是丰富的，但也是零散的，像一把失落在地上的珍珠。麦克斯韦铭记着法拉第的期望，决定用一条理论的红线，将这些散珠串联起来！

在紧张的研究之余，麦克斯韦经常骑马散步，他的骑术很高明。有一天，仆人牵来一匹从外地刚买回的枣泥色牝马。这匹马性子很烈，但膘肥体壮，浑身

毛色发亮,很惹人喜爱。麦克斯韦接过缰绳,准备试骑一下。不料,他刚翻身上鞍,牝马就狂奔起来,凯塞琳惊骇地叫出声来。麦克斯韦死死地勒住缰绳,夹紧马肚,试图制伏这匹发狂的烈马。不料,一根很粗的树枝横在前面,麦克斯韦发现时已经来不及躲闪,他急忙把头一低,树枝猛地擦过他的前额……

剧烈的疼痛使麦克斯韦感到一阵晕眩,他下意识地抱住马颈。当牝马将满脸鲜血的麦克斯韦驮回庄园时,家里人都吓坏了。

凯塞琳是一个坚强的妻子。她立即吩咐人把麦克斯韦扶下来,让他躺下,给他擦洗伤口,然后包扎好。

第二天清晨,凯塞琳给丈夫换绷带时,发现伤口有些发炎,但麦克斯韦坚持不让她去找医生。他试着躺在床上看书,可是前额痛得很厉害,以至于晚上也难以入睡。

到了第三天,麦克斯韦的头部红肿起来,开始发高烧,神智昏迷。当凯塞琳把医生请来时,才发现他不仅额头上的伤口严重感染,而且已经有了并发症。

医生诊断完毕,脸色显得很阴沉。他把女主人叫到客厅,悄悄告诉她说,麦克斯韦患的是传染性极强的天花,必须立即采取隔离措施。

这个消息像晴天霹雳,把所有的人都震慑住了。因为天花是一种十分可怕的传染病,死亡率很高,唯一的预防办法是接种牛痘。庄园里的人都没有种过牛痘,大家都非常恐惧,有的甚至想离开这里。

凯塞琳也没有接种过牛痘,但她完全将自己的生死置之度外,坦然地与丈夫分担这场灾难。她不让任何仆人进入麦克斯韦的房间,以免他们被传染。这位忠实的妻子一个人留在房间里,日夜守护着麦克斯韦。仆人遵照她的吩咐,每次把饭食摆在门口,再由她开门端进房间。

麦克斯韦在高烧昏迷中,常常满嘴呓语。凯塞琳几次听见他呼喊:"呵,电磁理论大厦!我还没有建成……电磁理论大厦!"

有几回，麦克斯韦以为自己离死神已经不远。当他神志稍稍清醒时,握住妻子的手悲哀地说："亲爱的，我还有许多事要做,可是……"

"不！你会好的,你一定能完成你的事业。"凯塞琳含着泪鼓励丈夫，她深知他在为没有完成电磁理论而痛苦。

在凯塞琳的舍身护理下,奇迹出现了。麦克斯韦终于死里逃生,渐渐好了起来,最后完全恢复了健康。凯塞琳也安然无恙!

麦克斯韦夫妇

这位伟大女性的美德，博得了庄园远近人们的一致尊敬。后来有人追述说,凯塞琳对科学的最大贡献,就是把麦克斯韦从死神手中拯救过来。否则,就不可能是由麦克斯韦来完成科学史上电磁理论大厦的建造了。

KEXUE JUREN DE GUSHI

"应该突破它"

啊,光速!

aguangsu

病愈不久,麦克斯韦与妻子回到伦敦皇家学院。这场灾难,使他失去了不少宝贵的时间。麦克斯韦又夜以继日地全身心投入了他的研究工作。

他的书桌上堆满了演算的手稿,上面密密麻麻地写着公式,画着一些复杂的草图。这些草图是他设计的理论模型,也就是关于电磁学的科学假设。凯塞琳虽然看不懂,但她知道它们很重要。

深夜,麦克斯韦停住手中的笔,望着摇曳的烛光,脸上掠过一道光彩。他的耳畔又响起法拉第的声音:"要突破它!"

是的,应该有所突破。多年来他一直在寻找突破口,此刻终于有了眉目。

一年过去了,他的研究很有进展。

1861年10月,麦克斯韦在进行实验时发现了一个重要现象,引起了他极大的注意。

这个实验是根据他的理论模型进行的。那是一个秋高气爽的日子,麦克斯韦在皇家学院实验室紧张地工作着。实验台上摆着两个悬挂的线圈,他给线圈通上电流,然后仔细地测量线圈之间的吸引力,再测量另外两个带静电的金属盘之间的吸引力。实验进行得很精细,麦克斯韦根据这两个参数,计算出他假设的位移电流的传递速度,结果是每秒193088英里(相当于310740千米)。

当他把这个结果写在记录簿上时,惊异地发现:它竟和一位科学家实验测定的光速为每秒193118英里(相当于314858千米)非常接近。

"啊,光速!"

一瞬间,麦克斯韦脑海里闪过了法拉第的一个实验。1845年时,法拉第曾

证明磁力能够对光发生作用。这是法拉第晚年最重要的一个发现,在《电学实验研究》中有详细记载,法拉第还亲自对他谈起过。

难道这是偶然的巧合吗？是不是计算有误呢？他的思潮像波涛一般起伏着。

回到家里,麦克斯韦激动地把结果告诉了凯塞琳,凯塞琳也非常兴奋。细心的妻子帮他把数据核对了好几遍,确实没有差错。实际上,这意味着麦克斯韦算出了电磁波传播速度与光速相等,这是一个非常了不起的发现,虽然当时连他自己也没有意识到这一点。

麦克斯韦一夜都没有睡意,他仿佛觉得自己已经触摸到了多年来一直在苦苦探寻的东西——光的奥秘。

为什么恰好等于光速呢?麦克斯韦不断地问自己。少年时代的情景又清晰地再现在眼前……

他好像又坐在爱丁堡大学的教室里，门外几十双调皮的眼睛正在偷看他——

啊,这是多么奇妙的光线呀!

它穿过玻璃时为什么会改变方向?

它为什么能分解出五彩缤纷的颜色?

这神奇的天使,它的本质究竟是什么呢?

这个永恒的问题,又在他的脑海里重新升起,像急浪奔涌……

有时候,他觉得光像一个裸体的顽皮孩子,在树叶上、云霞中嬉戏着,是那样可爱、那样美丽。

而有时候,他又觉得光是一个神秘莫测的怪客,它在人间留下了炫人眼目的痕迹,然而谁也不知道它的底细。

现在,他计算出电磁波传播的速度竟然恰好等于光速！这意味着什么呢?

麦克斯韦的思绪蓦然回到现实中。窗外露出了晨曦，麦克斯韦的思路也渐渐清晰起来，他豁然开朗：对呀！很可能光与电磁现象有着姻缘关系！

麦克斯韦

麦克斯韦霍地翻身下床，用凉水浸浸头，坐在书桌前匆忙地写起信来。这信是写给法拉第的。在信中，他详细地报告了这次实验的经过和自己的发现。

麦克斯韦激动地写道："根据测量的电参数与磁参数，我计算出的结果是每秒193088 英里，12 年前法国科学家菲索用直接实验测定的光速，则为每秒193118 英里！"

信寄出的时间是 1861 年 10 月 19 日。法拉第是否给他回过信，现在已无从查对。但毫无疑问，正是这一发现，启发麦克斯韦在四年后断定光本身就是电磁波的一种。

《论物理的力线》
lunwulidelixian

几个月后，麦克斯韦在英国《哲学杂志》4 卷 23 期上，发表了第二篇关于电磁学的论文——《论物理的力线》。

这篇论文一登出来，立即引起了轰动。后来著名物理学家、电子的发现者约瑟夫·汤姆逊曾回忆说："那篇论文，我还清晰地记得。当时我还是一个 18 岁的青年，一读到它，我就被它吸引住，兴奋至极。那是一篇非常长的文章，我竟把它全部抄了下来……"

这的确是一篇划时代的论文,它与七年前发表的《法拉第的力线》相比,有了质的飞跃。因为论文不再是对法拉第的观点进行单纯的数学解释,而是有了重大的突破,这就是——麦克斯韦第一个预见了世界上存在电磁波!

在论文中,麦克斯韦根据他设计的理论模型,引入"位移电流"的新概念,最后推导出两个非常精练的数学公式。这是两个高度抽象的微分方程,只有几个数学符号,看上去很简单,含义却非常复杂、深刻。它不仅圆满地解释了法拉第的电磁感应实验,而且还可以解释迄今为止人们所发现的一切有关电和磁的现象。麦克斯韦充分发挥了自己作为数学物理学家的才干,在世界上第一次以明确的数学形式揭示了电磁现象的规律。

一切伟大的成就都是来之不易的。麦克斯韦为了推导这组方程,对千变万化、浩如烟海的电磁现象进行了总结,花费了大量心血,光是演算用过的纸,就可以装几麻袋。

《论物理的力线》这篇论文引起轰动的原因,还不仅于此。麦克斯韦是一个

麦克斯韦在伦敦皇家学院

有远见的理论物理学家,他懂得在自然科学史上,只有当某一学科达到了成熟阶段,才可能用数学表示成定律形式。而这些定律不仅能解释已知的现象,还可以揭示出某些尚未发现的东西。

因此,他在推导出那组方程后,并不满足于只用它来解释已知的电磁现象。他在想:这些公式还能告诉人们什么新的东西呢?

麦克斯韦回想起十多年前轰动一时

的"海王星事件"，那时他还是爱丁堡中学的学生。当时，剑桥有个年轻的大学生，根据牛顿的万有引力定律，计算出有一颗未知的行星对天王星有吸引，他还推算出那颗未知行星的位置。这是一个大胆的预见，可惜未得到英国天文台的重视。两年后，又有一个法国青年勒威耶，也提出同样的预言。几天之后，柏林天文台的伽勒根据勒威耶指出的位置，终于发现了海王星。

麦克斯韦进一步深思。他发现，这两个微分方程式实际上揭示了电磁规律的两个方面：一是电场随时间变化将产生磁场，二是磁场随时间变化又会产生电场。二者总是密切联系、互为因果的。正是这种交变的电磁场向空间传播开去，形成了当时人们尚不知道的电磁波。

于是，麦克斯韦在《论物理的力线》中大胆地作出了这一预见，这时他只有31岁。这是麦克斯韦一生中最辉煌的一年。

光就是电磁波
guangjiushidiancibo

《论物理的力线》的发表，使麦克斯韦成为最引人注目的电磁学家。他的名字开始越过国界，为世人所敬仰。欧洲各国的科学家给他寄来书信，交换各自的见解，并对他的工作给予很高的评价。

在皇家学院的办公室里，麦克斯韦望着桌上的这些信件，他的思绪奔驰着。成功并没有使他陶醉，因为他知道，他的第二篇电磁论文虽有重大突破，但还没有达到完善的理论高度，换句话说，还没有形成完整的体系。

麦克斯韦踱到窗前，推开了穹形的窗户。

窗外，一幢新的建筑正拔地而起，四周高耸着纵横交错的脚手架，在晚霞的映衬下，显得十分壮丽。那是皇家学会新修的一座大楼。

麦克斯韦的脸上露出了会心的笑容。他的雄心,也是要建造一座大楼——一座宏伟的电磁理论大厦。法拉第和许多先行者给这座大厦奠定了基础,如今他设计出蓝图,立起了脚手架,就要最后完成这伟大的建筑啦!

他深深懂得,这个使命是光荣的,也是异常艰巨的。科学实验的主要目的在于发现,而理论总结需要从大量发现中揭示事物的内在联系,找出本质,并上升到理论的高度。并不是每一个科学家都能完成这一使命,它需要敏锐的洞察力、杰出的数学本领,也需要大量的劳动。随着研究的深入,麦克斯韦越来越感到时间不够用。

在伦敦皇家学院,他首先是一个任课教授,然后才是一个科学家。每一节课他都认真准备,一丝不苟,这要占去很多时间。此外,他还经常被邀请去参加各种学术活动,对科学事业怀着巨大热情的麦克斯韦总是慨然从命。

有一天,皇家科学促进协会会长来拜会他,聘请他加入标准电阻测量委员会。这是一项很精细的计量工作,他们遇到许多难题,想请麦克斯韦帮忙解决。这项工作关系到整个电学实验的精确性,十分重要。麦克斯韦觉得义不容辞,便同意了,他因此成了委员会的核心成员。在这个委员会的主持下,伦敦皇家学会实验室用了将近一年时间,顺利地完成了任务。麦克斯韦为此也付出了许多心血。

有位古代哲学家说过:"一切都不是我们的,而是别人的,只有时间是我们自己的财产……"而对麦克斯韦来说,时间也不是自己的财产,甚至也不能任他支配。他的一切都属于科学,属于全人类。

1865 年夏季,为了潜心研究电磁理论,麦克斯韦辞去了伦敦皇家学院的工作,和凯塞琳一起回到格伦莱庄园。古希腊物理学家阿基米德有句豪言壮语——"给我一个支点,我就可以撬动地球!"麦克斯韦也有这样一句话,这就是他多次对妻子说的:"给我时间,我可以立即把电磁理论大厦建立起

来！"这是他期待已久的事情了。

乡村小路上响着一阵清脆的马蹄声。

格伦莱庄园遥遥在望。麦克斯韦从马车里探出身子，眺望着熟悉的田野、清澈的小溪和掩映在绿荫丛中的灰色楼房……

格伦莱庄园

"我们又回来啦！"麦克斯韦一声感慨。

"亲爱的,看那庄园的红屋顶。"妻子兴奋地指点着。

麦克斯韦顺着凯塞琳手指的方向望去,好像在沉思什么。

"你看呀,那紫枫树,屋顶上的鸽子,好像在向我们招手呢!"凯塞琳拉了拉他的手。

"对,我们就要在这里建起一座新的大厦！"

"新的大厦?灰楼不是挺好的吗!还是你父亲亲自设计的哩。"妻子沉浸在回乡的喜悦中,思想一下子没转过弯来。

"不,是理论大厦！"麦克斯韦笑了,他把手在空中用力一挥说,"电磁理论大厦！"

凯塞琳温柔地向丈夫投去理解的一瞥。

格伦莱庄园以它的恬静迎接主人的归来。回到庄园的第二天,麦克斯韦就专心工作起来,凯塞琳负责料理庄园的日常事务。

美妙的波动方程
meimiaodebodongfangcheng

麦克斯韦每天都起得很早,从早上一直伏案写到吃晚饭。由于环境安静,精力集中,他的论文进展得很快。写字台上演算的手稿,每天都要增加厚厚的一叠。

一个月之后,麦克斯韦的第三篇电磁学论文已完成一大半,他非常兴奋。这篇论文的思想,在他的脑海里酝酿已久,题目是《电磁场动力学》。这是上一篇论文的深化和发展,方程的推导更严密,也更完善。

正当麦克斯韦即将完成论文时,青年时代的几位朋友前来庄园拜访他,其中一位就是剑桥使徒社社友布特瑞。那时交通很不方便,朋友来访,通常一住就是几个星期,这就打乱了麦克斯韦的正常生活。他白天陪伴朋友们,晚上等大家入睡后才开始工作。

许多个不眠之夜过去了,麦克斯韦从他的电磁方程组推导出了一个新的方程式。他采用的是一种新的数学方法,这种方法是法国数学家格拉朗日和英国数学家哈密顿发明的,对麦克斯韦的推导很有帮助。当他终于写完新方程的最后一个符号时,禁不住把笔往桌上一扔,狂喜地举起了双手。

这个关于电场和磁场的新方程是一个波动方程,它从理论上证明了交变的电磁场的确是以波的形式向空间传播的。麦克斯韦抑制住内心的激动,立即根据波动方程的参数计算这个波的传播速度。计算结果使他惊喜得怔住了:它正好等于光速! 这与麦克斯韦四年前推算出的那个数值完全一致。

至此,可以说电磁波的存在是确定无疑了!

麦克斯韦打开橱柜,取出一瓶红葡萄酒,满满地斟了一杯,一饮而尽。他没有惊动凯塞琳,怕妻子因为过度兴奋而失眠。

第二天清晨,麦克斯韦在客厅里当众宣布了这一结果。

"电磁波速等于光速意味着什么呢?"布特瑞感兴趣地问道。

麦克斯韦断然回答说:"这意味着光也是一种电磁波!"他从童年时代起毕生探索的光的奥秘,终于揭开了。

"光也是电磁波?"朋友们困惑了。

"对! 光是看得见的电磁波,电磁波是看不见的光。这就是问题的本质。"

"亲爱的,你现在真正'捉住太阳'啦!"凯塞琳恰好端着咖啡出来了,她第一个懂得麦克斯韦这个结论的意义。

麦克斯韦继续向朋友们解释说:"我认为,大自然里存在着一种总光谱,它包括看得见的光线和看不见的电磁波谱,它们都属于电磁波。光之所以能分解成不同颜色,就是因为它包含着不同波长的电磁波。"

朋友们虽然还不能完全信服麦克斯韦的结论,但他们都是从事科学事业的人,大家都鼓励麦克斯韦把他的全部研究成果系统地总结出来,让全世界来评价。

几天之后,麦克斯韦将他的第三篇论文寄给了伦敦皇家学会。论文很快在学报上发表了,引起了整个科学界的重视。法拉第这时已是 74 岁的老人,正在汉普顿别墅安度晚年。当他看到麦克斯韦的论文时,宽慰地笑了。

法拉第当年曾朦胧地提出光的电磁说,但那只不过是一种猜想。麦克斯韦则用严密的数学公式证明了电磁波的存在,并大胆地断定光也是一种电磁波。就这样,麦克斯韦把法拉第朦胧的猜想变成了科学的推论。他预言了电磁波的存在,说明电磁波只可能是横波,并推导出电磁波的传播速度等于光速,同时得出结论——光是电磁波的一种形式,揭示了光现象和电磁现象之间的联系。

科学事业是一场无止境的伟大接力。法拉第与麦克斯韦的名字,从此紧密地联系在一起,就像伽利略和牛顿的名字一样,在科学史上永放异彩。

KEXUE JUREN DE GUSHI

大厦建立起来了

游学欧洲

youxueouzhou

1867 年，一个春光明媚的日子。

一辆漂亮的四轮马车从格伦莱庄园驶出来，车里坐着满面红光的麦克斯韦夫妇。他们正启程离开苏格兰，到欧洲大陆去旅行。

麦克斯韦这次旅行的目的是去作学术考察，同各国优秀的科学家们进行学术交流。法拉第年轻时曾随大科学家戴维到欧洲去旅行，在旅行中，结识了包括安培在内的许多著名学者，受到很大的启发与教益。这次出国对于法拉第，其意义可以说仅次于达尔文的环球旅行。麦克斯韦受法拉第的影响，对欧洲各国的科学中心一直非常向往。他早就盼望到外面去开阔一下自己的科学视野，这个宿愿终于可以实现了。

欧洲大陆是电磁学的发祥地。许多杰出的电磁学先驱，比如，意大利的伏打、丹麦的奥斯特、德国的欧姆、法国的安培等，都出现在欧洲大陆。麦克斯韦希望通过这次科学考察，广采各家之长，更好地完成电磁理论专著。

旅程是紧张而愉快的。凯塞琳第一次随丈夫出国，充满了新鲜感。船经过英吉利海峡时，望着微波轻漾的湛蓝海面，凯塞琳快活得像个孩子，她笑着对麦克斯韦说："我们好像变成一对海鸥啦！"

船抵达法国一个港口时，意外事件发生了——乘客中有人得了传染病，病情严重。根据港口规定：船上任何人都不准上岸，客轮被隔离了。船长在旅客中寻找医生。麦克斯韦虽然没有学过医，却自告奋勇地报了名，凯塞琳则给他当助手。夫妇俩以忘我的精神，投入到抢救病人的工作中。一连几天，他们累得筋疲力尽，但心情很愉快。因为病人转危为安，逐渐痊愈了。船上的旅客都被这对

 101

麦克斯韦

"医生"夫妇的精神所感动,可谁也没想到这位满脸胡须的中年男子并不是医生,而是一位杰出的科学家!

法兰西热情地接待了来自英国的科学使者,麦克斯韦受到同行们热烈的欢迎。他参观了安培生前进行电磁研究的实验室,翻阅了他的实验记录,很有收获。这位法国电学大师逝世已经30年了,他生前是法拉第的朋友,也是电磁学研究的一位杰出的先驱者。1821年他发现了两条通电流的平行导线互相作用的现象。后世为了纪念安培,决定以他的姓氏作为电流的单位。

在巴黎,麦克斯韦夫妇还游览了著名的凡尔赛宫。这是一幢气势雄伟的宫殿,四壁上端装点着大理石雕像,宫殿正面是一座美丽的花园。这壮观的有形建筑,使麦克斯韦仿佛又看见了自己正在建造的那座无形的电磁理论大厦,他不禁发出由衷的赞叹。

在将近一年半的时间里,麦克斯韦夫妇的足迹遍布法国、意大利、德国、荷兰等地,其中在意大利逗留的时间最长。比萨斜塔的奇景、维苏威火山的壮观,都给科学家夫妇留下了美好的记忆。

这些国家拥有当时世界上最先进的物理实验室。麦克斯韦怀着极大的兴趣参观了各大学和科学机构,同许多一流的科学家进行了广泛接触。

在柏林,德国科学研究院邀请麦克斯韦作了一场关于电磁理论的报告,听众们觉得耳目一新。

在荷兰,他们应莱顿大学的邀请,访问了古风犹存的莱顿城。这座小城因100多年前发明的莱顿瓶而闻名于世。麦克斯韦和凯塞琳在莱顿大学实验室观看了莱顿瓶的放电表演。

莱顿瓶是世界上最早的电容器,1745年由荷兰科学家马森布罗克和另一名德国人几乎同时发明。因为马森布罗克进行实验的地点在莱顿,所以就命名为"莱顿瓶"以示纪念。凯塞琳打量着桌上的莱顿瓶,看上去结构很简单,只不

过是一个内外都贴有金属箔的玻璃瓶，还有一根很细的金属棒插入瓶内，与内层金属箔接触。她看不出这个瓶子有什么奥妙，就悄悄地问丈夫。麦克斯韦告诉她，莱顿瓶主要用作储存电荷，在近百年电学史上立下了不少功劳。美国科学家富兰克林

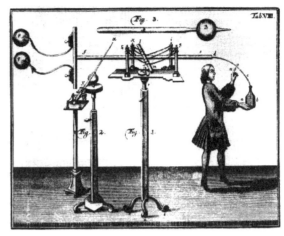

早期电学家运用莱顿瓶做实验

1752 年进行风筝实验时就是用它储存天电的。

　　表演开始时，莱顿大学实验室主任先给莱顿瓶充上电，然后用一根金属线将瓶中的金属棒与外层金属箔接触。在接触的一瞬间，随着突然的巨响，莱顿瓶迸射出耀眼的电火花，把凯塞琳吓了一大跳。

　　"夫人请当心！这就是电震现象。"主任很有礼貌地笑了笑说，"据说，当年富兰克林的夫人不小心被莱顿瓶电震了一下，足足在床上躺了一个星期哩！"

　　莱顿城给麦克斯韦夫妇留下了深刻的印象。麦克斯韦特别清楚地记得，莱顿瓶迸射电火花时是由强到弱闪烁的。他联想到在自己收集的电磁研究资料中，有一篇题为《瞬变电流》的论文，是他的朋友兼师长汤姆生写的。文中曾提到莱顿瓶放电具有"振荡特性"，即电荷在衰减到零时会上下起伏。麦克斯韦朦胧地想道：振荡，很可能就意味着能辐射出电磁波吧！虽然直到他逝世，人们都没有在实验中捕捉住电磁波，但这一思想使他更加坚信自己的预言，对他完成电磁理论起到了促进作用。

《电磁通论》
diancitonglun

1868年夏末，麦克斯韦满载着各国科学家的友情，回到英国。格伦莱庄园正是一派丰收的景象，小麦熟透了，在阳光下金灿灿的，农民们正忙着收割。望着那金浪起伏的田野，麦克斯韦不由得心旷神怡。他酝酿了多年的电磁理论终于也成熟了，该到收获的季节了！

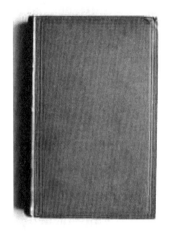

《电磁通论》第1版

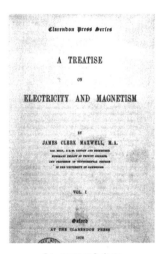

《电磁通论》扉页

麦克斯韦一回到格伦莱，立即开始潜心写作电磁学理论专著。这次欧洲大陆之行，使他开阔了眼界，吸取了许多新的东西，也丰富了他的理论体系。

经过几年的甘苦，书终于写成了。

这是麦克斯韦一生中最重要的著作，书名为《电磁通论》。这部辉煌的巨著于1873年问世，该书的出版成了当时物理学界的一件大事。这时麦克斯韦已经回到剑桥大学任教，他的朋友和学生以及科学界人士对这本书都期待已久。人们争先恐后地到书店去购买，几天内《电磁通论》第1版就销售一空。

麦克斯韦在《电磁通论》序言中宣称:"在我看来,从各方面来研究电磁,现在已变成促进科学进步的头等重要的事情了……不同类别现象的数学定律,已经在很大程度上令人满意地得出了。"

《电磁通论》全书 621 页,比达尔文的《物种起源》还要厚 109 页,全书总共有 4 篇 56 章:第 1 篇"静电学"(第 1 章—第 13 章),主要阐述静电学原理;第 2 篇"动电学"(第 14 章—第 25 章),阐述了电流、电导、电阻以及电解的特征和关系;第 3 篇"磁学"(第 26 章—第 33 章),阐述磁学的初等理论以及磁力、磁感应、磁化等特征;第 4 篇"电磁学"(第 34 章—第 56 章),系统地总结了奥斯特、安培、法拉第等人关于电和磁的研究成果,并在此基础上对整个电磁现象作了全面系统的研究,将电磁场理论用简洁、对称、完美的数学形式表示出来,这就是成为经典电动力学主要基础的麦克斯韦方程组,从而建立起完整的电磁学理论。

有人称麦克斯韦方程组是物理学史上最完美的一组方程。世界上有那么多复杂纷繁的电磁现象,但是没有一个能逃出这个方程组的约束。就像牛顿的三大定律总括了天上地下的一切宏观运动现象一样,这个如此简短的方程组可以用来描述一切电磁现象,而且,这个麦克斯韦方程组具有美妙的对称性。玻尔茨曼说的没错,这的确是"上帝的诗歌"。

杨振宁也称赞说:"牛顿的运动方程式、麦克斯韦方程式、爱因斯坦的狭义与广义相对论方程……达到了科学研究的最高境界。它们以极度浓缩的数学语言写出了物理世界的基本结构,可以说它们是造物者的诗篇。"

《电磁通论》有着非同小可的历史意义,它可以与牛顿的《自然哲学的数学原理》、达尔文的《物种起源》相提并论。在科学史上,牛顿把天上和地上的运动规律统一起来,是实现第一次大综合;麦克斯韦把电、磁、光统一起来,是实现第二次大综合。这部巨著的划时代意义,在于它揭示了电磁现象的内在规律,

《电磁通论》中文版封面

预见了电磁波，为近代电子科学技术的诞生和发展开辟了道路，并奠定了重要的理论基础。

在这部巨著中，麦克斯韦大胆地宣布：世界上存在着一种尚未被人发现的电磁波，它看不见，摸不着，但却充满整个空间；整个世界无处不在的"光"也是一种电磁波，只不过它可以被人看见而已。

《电磁通论》是麦克斯韦几十年心血的结晶，也是人类对电磁现象探索研究的系统总结。在这部物理学经典著作中，有奥斯特、安培、亨利、法拉第这些电学家的开创之功，也有麦克斯韦本人创造性的发展。有关电荷、电流、电场、磁场、电磁波的一切规律都包罗在这个理论体系中。它无愧地堪称科学史上一座不朽的宏伟大厦！

一位作家说过：一种事业，总有许多先驱者为之献出智慧，最后轮到一个人来完成它，这个人就是天才。

麦克斯韦就是这样一个天才。

麦克斯韦的理论和预言，震动了整个物理学界。

一些有远见卓识的物理学家奔走相告，为电磁理论的诞生热情欢呼。

另一批守旧的学究们，却深表怀疑。他们摇着脑袋，望着天空直皱眉头："世界上真有看不见、摸不着、玄而又玄的电磁波吗？"

像任何新的学说诞生后常有的遭遇一样，麦克斯韦的电磁理论也面临着严峻的考验。《电磁通论》虽然一抢而空，但真正理解、接受它的人却不多。

没有多久，就听到有人批评它艰深难懂。

麦克斯韦听见后，只是淡淡一笑。

本来，高度抽象的电磁微分方程，毕竟不像 2×2=4 那么简单。试想，仅仅 4 个公式、几个数学符号，就包罗了电荷、电流、电磁、光等自然界一切电磁现象的规律，这在一般人看来，的确是不可思议的事。

还有一个重要原因，就是麦克斯韦宣布他的理论后，迟迟没有人通过实验发现电磁波。而能否证明电磁波存在，又是检验麦克斯韦理论的关键。

人们期待着又一次出现伽勒发现海王星那样的奇迹。可惜，电磁波不是海王星，它的发现要困难得多。勒威耶预言海王星时，指出了它的准确位置，只要凭借一架高倍率的望远镜，任何一位天文学家都可以找到它。麦克斯韦预言的电磁波，看不见，摸不着，对当时的人类来说是神秘莫测的。

于是，人们开始失望了。

大多数科学家对电磁理论的正确性抱有怀疑态度。连当年曾给予麦克斯韦热情鼓励的汤姆生（这时他已功成名就），也不敢肯定麦克斯韦老弟的预言是否可靠。

这样一来，电磁理论问世后，在相当长一段时间里得不到社会承认。支持麦克斯韦的，只有剑桥大学的一些青年科学家，他们大多是他的学生。而一批在科学界有威望的学者，对未经证明的新理论都采取观望的态度。

难怪一位著名的现代物理学家曾感叹说："麦克斯韦的思想是太不平常了，甚至像赫尔姆霍茨和玻尔茨曼这样有异常才能的人，为了理解它也花了几年的工夫。"

卡文迪许实验室
kawendixushiyanshi

几个春秋默默地过去了。

这段时期,麦克斯韦把他的心血全部献给了剑桥大学的卡文迪许实验室。这座实验室是在麦克斯韦和其他科学家倡导下修建的。

剑桥大学虽然是享有盛誉的英国最高学府,但在这以前,一直没有物理实验室。连牛顿这样的大物理学家,当初也是在自己的房间里做实验的。这种情况显然跟不上科学发展的步伐。

麦克斯韦早就意识到这一点,心有隐忧。他曾向剑桥大学校长反映说:"如果剑桥不加强建设,努力跟上时代的步伐,就要在科学的行列里落伍了。"从欧洲大陆旅行回来后,他的这种危机感就更强烈了。

1869 年春天,麦克斯韦刚回国不久,去剑桥向同事们介绍这次出国见闻时,大家又谈论到这一点,他们决定再次向学院发出呼吁。

不久,剑桥大学成立了一个专门委员会。经过认真调查,委员会提出报告说,剑桥大学完全有必要筹建一所实验室,并应设立一个物理学教授职位。根据委员会预算,建立实验室共需经费 6300 英镑(英镑是英国法定货币)。这在当时是一笔不小的款项,大学当局一时难以筹集,计划也就搁置下来了。

1870 年秋,事情有了转机。剑桥大学的名誉校长德文郡公爵表示,他愿意捐款资助建立实验室。这位公爵本人就是剑桥大学的毕业生,他和麦克斯韦一样,曾获得史密斯奖金的第一名和数学荣誉学位考试第二名,在从政多年后成为剑桥大学的名誉校长,一直热心于剑桥大学的发展。

1871 年 2 月,剑桥大学正式设立了实验室物理学教授职位,并开始物色人选。候选人必须是一位杰出的物理学家,而且要有非凡的组织才能,因为得由他负责筹建一个物理系,包括整个实验大楼的设计和建造工作在内。

大学当局多方物色,一直没有找到能承担重任的人。汤姆生本是一个最佳人选,这位铺设大西洋海底电缆的功臣在热学、电磁学、数学、工程应用等方面都有出色的贡献。他在当时科学界享有极高的名望,四年前英国政府封他为爵士(1892 年晋升为开尔文勋爵)。但是汤姆生不愿意离开格拉斯哥大学,他在那里服务了多年。于是,剑桥大学转而向德国的赫尔姆霍斯发出邀请。赫尔姆霍斯是 19 世纪德国最伟大的科学家,无论是学识还是声誉都够格。但赫尔姆霍斯也婉谢了,据说柏林大学当时正竭力聘请他当教授。

最后,剑桥大学想到了隐退在格伦莱庄园的麦克斯韦。作为担此重任的第三人选,没有比他更合适的了。

麦克斯韦接到聘书后,有些踌躇。他当然为剑桥的这项计划感到高兴,但他当时正在赶写《电磁通论》的最后部分。辞职六年来,他在格伦莱生活得很满意,有充分的时间进行自己的写作和研究。

当天晚餐时, 麦克斯韦征求妻子的意见。凯塞琳鼓励丈夫接受这一聘请,她说:"你的书很快就写完了。再说,对剑桥的教学和建设,你不是一直很关心吗? "

妻子的话使麦克斯韦陷入沉思。他眼前浮现出剑桥的尖顶大楼和一张张年轻可爱的面孔。是的,他一直关心着母校,关心着那支科学后备军的成长。科学是一项前赴后继的事业, 需要不断补充新的血液。一种先行者的庄严责任感,促使他下决心接受剑桥的聘请。

"可是,亲爱的,剑桥的生活远不如这里舒适,我担心你受不了。"这是麦克斯韦最后的顾虑。

"不,詹姆斯,我要永远陪伴着你,无论是到天边,到海角,无论是多么艰苦……"

麦克斯韦动情地拥抱着妻子。就这样,他决定到剑桥大学去任职。

一个月以后,麦克斯韦在凯塞琳的伴随下来到剑桥,开始了他一生中最后的事业。

校长对麦克斯韦接受聘请异常喜悦,热情地欢迎他的到来,并同意一年后待实验室建成时,麦克斯韦可以重新回到格伦莱。

工作铺开后,麦克斯韦很快发现,事实上,要筹建一个物理系并建成实验室,一年的时间远远不够。他到剑桥后的第一件事,就是制订实验室的修建计划。这座实验室以英国科学家卡文迪许的名字命名,称为卡文迪许实验室。

1872 年实验室正式破土动工。在整个筹建过程中,从建筑设计、工程施工、仪器购置,直到实验楼橡木大门上的题词,麦克斯韦无不亲自过问,费尽心血。实验室的实际修造费用比预算高出很多,德文郡公爵都慷慨地承担了。为了增添某些仪器,麦克斯韦也捐出了自己不多的积蓄。

1874 年复活节时,卡文迪许实验室圆满落成。整个剑桥大学洋溢着喜庆的气氛。德文郡公爵也来了,麦克斯韦陪着他参观了实验大楼。

卡文迪许实验室旧址

这是一幢雄伟的三层大楼,位于剑桥自由学校巷。实验大楼的橡木门上,用粗大刚劲的字体刻着一句《圣经》里的题词:"主之作为,极其广大;凡乐为者,皆应考察。"这句题词是麦克斯韦亲自选定的,反映了他鼓励学生探索自然的旨意。

实验楼共分三层。底层是电磁实验室、热力学实验室、钟室、供电室和工作间;二楼有教授研究室、仪器室、普通实验室和可容纳近 200 名学生的大讲堂;三楼是声学研究室、制图室、光学暗室以及高压电气实验室。

卡文迪许实验室旧址铭牌

参观完毕,公爵表示十分满意,他拍着麦克斯韦的肩膀,称赞他没有辜负众望。

这年 6 月,卡文迪许实验室正式交付学院使用。来听麦克斯韦讲课的都是最优秀的青年研究生。麦克斯韦在就职演讲中阐述了实验对科研的重要意义,并对年轻学子们提出了殷切期望。

在上百双眼睛的注视下,麦克斯韦用他几十年不改的乡音说:

当代实验的特征主要由测量构成,它是如此之重要,以致有人认为,在今后几年之内,所有重要的物理常数都将被估算出来,科学界人士剩下的工作就是把这些测量值的小数点位置往后移几位。

……科学史告诉我们,即在科学处于发展时期,科学不仅努力提高早已熟知的量在数值上的精确值,而且也为我们准备了征服新领域的资料。但是,如果它只停留在早期开拓者粗略的方法上,那么科学领域将永远处于未知之中。我这里列举从各个科学分支收集来的一些例子,它们表明,认真仔细地测量会得到发现新研究领域以及发

展新科学观点的回报。

　　……在游戏和体育锻炼中，在陆地和水上旅行中，在大气和海洋的暴风雨中，只要有运动存在，我们都可以发现科学条文的描述。

　　麦克斯韦作为一位理论物理学家，对实验一向很重视。他曾对一位朋友说："我从不劝阻学生进行某项实验，即使他找不到正在期待的东西，也可能找到其他东西呀！"

　　麦克斯韦是卡文迪许实验室的创建者，也是第一任主任。后来接替他的是物理学家瑞利，第三任主任则是电子的发现者约瑟夫·汤姆逊，约瑟夫·汤姆逊之后是卢瑟福，他们都是世界一流的物理学家。这座实验室开花、结果的时期是在 20 世纪。直到今天，它仍然闻名遐迩，培养出一批又一批优秀的科学人才，造就了近 30 位诺贝尔奖获得者。

　　实验室建立起来以后，麦克斯韦生前最后几年的主要工作，就是整理卡文迪许遗留下来的大量科研资料。这个任务是受德文郡公爵委托的，工作量十分浩繁，但麦克斯韦仍然承担了。

　　卡文迪许是德文郡公爵家族中的一员，生前很富有。他是 18 世纪英国一位杰出的科学家，曾经发现氢气，确定水的化学成分，并且第一个计算出地球的质量，在静电学上也很有研究。曾有科学史家这样评价说："他是有学问的人当中最富有的，也是富人当中最有学问的。"不过，这位卡文迪许性情怪僻，沉默寡言。有人打趣说："没有一个活到 80 岁的人，一生讲的话像卡文迪许那样少的了。"卡文迪许终身未婚，喜欢独来独往，唯一的社会活动就是参加皇家学会两周一次的会议。据说他长年穿着一件褪色的天鹅绒大衣，戴顶当时已少见的三角帽，面对女士和陌生人会很羞涩，甚至和仆人也难得见上一面。他一般只在桌子上留下字条，告诉女仆自己晚餐要吃什么，而那常常是"一只羊腿"。

就是这样一个怪人，却在多个科学领域都有重要发现，在电学方面也卓有贡献。他曾在1777年向英国皇家学会提交论文，认为电荷之间的作用力可能呈现与距离的平方成反比的关系，后来这一发现被库仑通过实验证明，称为库仑定律。他第一个将电势概念应用到对电学现象的解释中，并通过大量实验，提出了电势与电流成正比的关系，这一关系1827年被欧姆重新发现，即欧姆定

卡文迪许

律。卡文迪许公开发表的论文很少，他没有写过一本书，在漫长的50年中，公开发表的论文只有18篇。卡文迪许死后，留下两大捆没有发表的科学手稿，内容大多涉及数学和电学，其中不少很有价值的东西被埋没了近半个世纪。整理这些资料，是一项非常细致而困难的工作。麦克斯韦为此作出了巨大牺牲，他放弃了自己的研究，耗尽了最后的精力。

由麦克斯韦注释的《卡文迪许的电学研究》于1879年出版，卡文迪许在电学上的成果才被世人知晓，他给人类留下了一笔珍贵的科学遗产。这也是麦克斯韦为自己生命写下的最后一页，他以纯净无私的崇高品格，赢得了后人格外的尊敬。

科普演讲

kepuyanjiang

1878年5月，紫罗兰开了。剑桥大学春色满园。

上百名年轻学子云集在卡文迪许实验楼的大讲堂里，聆听麦克斯韦作科普讲座，不少教授也出席了。这在麦克斯韦的教学生涯中，算得上是一次盛会。

讲座的内容是介绍刚刚破土而出的电话。麦克斯韦神采奕奕地走上讲台。从他那生动的比喻、富有表情的手势中，人们可以感觉到他对这一新生事物的极大热情。

在两年前，苏格兰青年贝尔在美国发明了电话。贝尔与麦克斯韦是同乡，也是在爱丁堡出生的，比麦克斯韦小 16 岁。贝尔的父亲和祖父都是著名的语音学家。他们在聋哑人中间工作过很多年，对人体发声器官的构造、功能和人的听觉特点等都有深入的研究。贝尔的父亲还创造了一套借助手势、口型来表达思想感情的哑语，给聋哑人带来很大的方便。

麦克斯韦在开场白中，首先表达了对老贝尔的敬重。他说："老贝尔把一生都奉献给了教人如何讲话。他驾驭这门艺术的方式是如此完美，但非常遗憾，我在爱丁堡的时候没有去上他的课。"

麦克斯韦说，贝尔生活在一个语音世家，从小受到熏陶，对语音的传递产生了浓厚的兴趣。这为他后来发明电话打下了很好的基础。1862 年，15 岁的贝尔进入爱丁堡大学学习，他选择了语音学作为自己的专业。1867 年，贝尔从爱丁堡大学毕业，又进入伦敦大学继续攻读语音学。1869 年，22 岁的贝尔接受聘请，担任美国波士顿大学的语音学教授。这时，贝尔的父亲已经成为北美闻名的语音问题专家。父子两人经常被邀请到各地去讲演。贝尔精通专业知识，少年时就有演讲的经验，讲演起来一点也不比他父亲逊色，很受听众欢迎。贝尔父子的名声很快传遍了大西洋西岸。后来，父子两人在波士顿开办了一所聋哑学校，一边教聋哑人克服不能说话的困难，一边研究、实验助听器。

当时，莫尔斯发明的电报已经被广泛应用，成了一种新兴的通信工具。不过，电报只能传递电码，有一定的局限性。能不能再发展一步，用电流直接传递人的语音呢？这个问题引起了很多发明家、科学家的兴趣。人们苦思冥想，进行了 20 多年的探索，都没有成功。因为发明电话要比发明电报困难得多。年轻的贝尔胸怀大志,决心投入到发明电话的行列中。有一天,贝尔受电流导通和截止时线圈会发出噪音的启示,大胆地设想,在讲话时若能使电流强度的变化模拟出声波的变化,用电流传送语音就有可能实现。

贝尔把这个想法告诉了73岁的电学大师亨利,并向他请教。

"先生,您看我该怎么办呢?是发表我的设想,让别人去干,还是我自己努力去实现呢?"

"你有一个了不起的理想,贝尔,干吧!"亨利慈爱地回答道。

"可是,先生,在制作方面还有许多困难。而更困难的是,我不懂电学。"

"掌握它!"这位大科学家斩钉截铁地说。

这句话给了贝尔极大的鼓舞。贝尔经过两年的潜心研究,终于制成了两台样机。贝尔的设计是这样的:在一个圆筒底部蒙上一张薄膜,薄膜中央垂直连接着一根炭杆,炭杆插在硫酸液里,人讲话的时候薄膜受到振动,炭杆同硫酸接触的那个地方,电阻发生变化,电流随着变化也有强有弱,接收处利用电磁原理,再把电信号复原成声音,这样就实现了用电流传递声波的过程。1875年6月2日,贝尔和他的助手沃森实现了人类历史上第一次电话通话。

麦克斯韦向听众们介绍说,这一新发明的问世历尽了曲折。当贝尔把第一部电话制作出来后,人们只把它当作一种有趣的新玩具,谁也不相信它真的能用作通信工具。几个月后,正好在费城举行世界博览会。贝尔和沃森赶到费城,在博览会上表演用电话通话。参观的人络绎不绝,大家一致称赞。不过,人们虽然为电话机喝彩,但谁也没有把它看成实用的东西。在人们眼里,电话机不过是新奇、有趣的玩具,贝尔和沃森只是两个杂要演员。一是因为大家当时还没有用电话通话的概念;二是因为他俩展示的电话机,通话距离只有一百来步远。对于用电话进行远距离通话的可能性,不论发明家怎样讲解,人们总是不信。贝尔为了推广电话,在大西洋彼岸的美国四处奔走,巡回表演,把所有的钱

贝尔(右)和助手沃森在实验室

都花光了,还是没有一家工厂愿意生产。

　　麦克斯韦很同情贝尔的遭遇,也很欣赏他的奋斗精神。他对贝尔的电话新发明,给予了很高的评价。麦克斯韦宣称:"我坚信,贝尔的这一发明很可能改变人类的通信方式。"虽然他当时不曾想到,若干年后给贝尔的发明插上双翅、使之传遍全球的,正是他所预见的电磁波,看来科学家的心是相通的!

　　这是麦克斯韦一次难得的成功演讲。虽然不少人对电话的具体原理并没有听懂,但却相信它的前景了。

　　就在麦克斯韦这次科普讲座后不久,贝尔在波士顿和纽约之间进行了首次长途电话实验,两地相距 300 千米。第二天,波士顿一家报纸用头条新闻报道了这次实验,并发表评论说:"这项发明,有一天可能使长途电信业务完全改观!"两年后,麦克斯韦的预见和波士顿报纸的预言就应验了。电话很快在北美各大城市盛行起来。1880 年,美国投入使用的电话机已经有 4.8 万部。

除了举行科普讲座,麦克斯韦对其他科普活动也很热心。

他曾与赫胥黎一起从事《大英百科全书》第9版的编辑工作,并亲自给百科全书撰写了多个条目。麦克斯韦坚信向大众进行通俗的科学普及是非常重要的,并且要求很高。对一些低劣的作品,他会提出尖锐的批评,而且常常是用辛辣而幽默的形式。有个名叫格思里的教授曾经撰写了一部关于实用物理与声学的读物,通篇都是空洞的废话。麦克斯韦为此写了一篇打油诗寄给《自然》杂志,批评这本书。那位教授读后竟然受宠若惊,表示虚心接受。

麦克斯韦的打油诗写道:

的确,错误严重,

我已经把它们列出。

通篇都能找到,

这样一种拙劣的手法。

用信笺回信简直不值得,

不要对错误还说谢谢。

如果老兄要修订的话,

请特别注意以上意见。

一只养得很胖的狗,

只知道傻吃却不会吠叫。

继续做你的事情吧,

不要忘了回头瞧瞧。

理论得到证明

★ 巨星陨落

juxingyunluo

麦克斯韦后期的生活充满了坎坷。他的学说没有人理解，社会也不予承认；妻子又得了重病，久治不愈。这双重的打击，使他心力交瘁。但是，他是一个强者，即使在这样的处境中，他对自己学说的信念也从来没有动摇过。

夏去秋来，冬过春至。年复一年，他像春蚕一样不停地为人们吐着蚕丝。

除了处理卡文迪许实验室的日常事务，麦克斯韦每一学期还主讲一门课程，内容为电磁学或热力学。他利用讲台，热心地宣传电磁理论，推广他的新学说，可惜听众不多。他本来就是一位缺乏口才的教授，更何况电磁理论与传统的物理学大不一样，它太高深难懂了！

人们不理解，社会不承认。麦克斯韦却始终坚信：神奇的电磁波，人们今天没有看见，总有一天会看见的！

1877年春天，麦克斯韦感到身体不适。医生诊断他得了胃病。麦克斯韦服用小苏打，可以减轻病痛，他仍然坚持在实验室上班或在课堂上讲课。

6月，麦克斯韦夫妇回到格伦莱庄园。经过长途跋涉，凯塞琳病倒了。麦克斯韦走进妻子的卧室，同她谈起许多往事。凯塞琳躺在床上，她那苍白、消瘦的脸上，微微泛起红光。麦克

晚年的麦克斯韦

斯韦的眼眶湿润了:呵,我忠诚的伴侣!虽然在重病中,她的心仍和自己在一起跳动!

在格伦莱休养了一段时间,麦克斯韦陪着妻子返回剑桥。

凯塞琳病倒了,这更加重了麦克斯韦生活上的负担。他对妻子一向体贴入微,像凯塞琳当初照料他一样,日夜细心地看护她,有时甚至一连两三个星期都没在床上睡过觉。尽管如此,他的教学和实验工作,却从来没有中断过。

过度的焦虑和劳累,终于夺去了他的健康。同事们注意到麦克斯韦很快消瘦了,面色愈来愈苍白。但麦克斯韦仍然坚持着没有倒下。这一年,他出版了《热理论》一书,这是他的又一部力作。在此之前,他还于1876年出版了《物质与运动》一书。

1879年是麦克斯韦生命的最后一年。这一年的春天来得很晚,天气也格外冷。麦克斯韦的病情已明显恶化,但他仍然坚持工作,不懈地宣传电磁理论。他的讲座这时仅有两名听众,一位是来自美国的研究生米得尔登,另一位是后来发明了电子管的弗莱明。

设想一下,这是一幕多么令人感叹的情景啊!空旷的阶梯教室里,头排座位上坐着两个学生。麦克斯韦夹着讲义,步履坚定地走上讲台,他面容清癯,目光闪烁,表情严肃而庄重,仿佛他不是在向两名听众,而是在向全世界解释自己的理论……

春蚕到死丝方尽!

5月到来的时候,熬干了最后一点心血的麦克斯韦终于卧床不起。朋友们请来医生,但是为时太晚。麦克斯韦被确诊患的是腹腔癌,已到晚期。这和他母亲当年患的病一样,是不治之症。他知道自己已不久于人世。回首一生,麦克斯韦的心情很平静。他对剑桥大学的一位朋友说:"我觉得我个人所做的事,与比我伟大的人相比太渺小了……我一直在想,我所做的事情都不值一提。我一生

还从未做过什么了不起的事情。我唯一的愿望就是像大卫一样，按照上帝的意愿为我们这一代服务，然后就地长眠。"

他唯一牵挂的是仍在病中的妻子凯塞琳。

1879 年 11 月 5 日，天空中乌云低垂，悲哀笼罩着麦克斯韦的寓所。在一片沉重的令人窒息的寂静中，生命正随着嘀嗒的钟声，一点一点地离开麦克斯韦……最后，他的心脏停止了跳动，终年 48 岁。

麦克斯韦的葬礼在剑桥大学三一学院的小教堂里举行，送葬的人有他生前的好友和学生。葬礼之后，麦克斯韦的遗体被运回格伦莱，安葬在帕顿教堂的墓地，紧挨着他父母亲的墓。在教堂前面的路边立着一个简朴的石碑，上面镌刻的铭文概括了他的一生和成就。铭文的结尾是："一位好人，充满了幽默和睿智。他生活在这里，并被埋葬在这个苏格兰教堂墓地。"

遵照麦克斯韦的遗嘱，凯塞琳将他收藏的一些珍贵的科学图书赠给了卡文迪许实验室。早已病弱不堪的凯塞琳，承受不了失去丈夫的巨大悲痛，不久也辞世了。

泰特在《自然》杂志上发表文章，沉痛悼念挚友麦克斯韦：

帕顿教堂的墓地

我无法用语言表达,他的早逝对他的朋友、对剑桥大学、对整个科学界造成的巨大损失,尤其是在当前充斥着大量的空谈、伪科学、物质主义的时候,这对理性、真正的科学和信仰造成的损失。像他这样的人,从不虚度年华,从某种意义上说,他是永垂不朽的。麦克斯韦的精神在他那不朽的著作中,仍然与我们在一起,他的精神还会被聆听过他教诲的人、以他为榜样的人传递下去。

麦克斯韦的墓碑

物理学史上一颗与牛顿交相辉映的明星陨落了,这是人类的重大损失。麦克斯韦短暂的一生,是叱咤风云的一生,也是自我牺牲的一生。他的理论为近代科技开辟了一条崭新的道路,这伟大的功绩,在他生前却未得到承认与重视。他一生从未追逐过荣誉和私利,他懂得一个科学家的职责是探索未来,追求真理,为人类、为子孙万代造福。

他做到了这一点。

 一个德国青年的梦
yigedeguoqingniandemeng

麦克斯韦离开了人世,他的事业却并未中断。随着时间的推移,欧洲大陆一些有见识的科学家开始认识到电磁理论的价值,愈来愈多的人积极地寻找着电磁波。

1879年初冬,几乎在麦克斯韦逝世的同时,德国柏林科学研究院颁布了一项科学奖金,得奖条件是:麦克斯韦理论的部分证明。这个奖项吸引了各国科学家的目光,但大多数人都觉得它可望而不可即,因为这个题目太难了。

一天清晨,在柏林大学落满积雪的林间小道上,走着两个散步的人。

年长的约莫五十八九岁,步履稳健,两眼凝神,若有所思。他就是柏林大学受人尊敬的赫尔姆霍斯教授,也是威廉·汤姆生的朋友。

另一个英俊的青年走在教授旁边,名叫海因里希·赫兹,是教授的得意门生,看上去只有20出头。

师生俩一边漫步,一边交谈着柏林科学研究院设奖的事。

赫尔姆霍斯问赫兹对这个设奖题目有兴趣没有,赫兹说有兴趣,但看来很不容易。教授沉吟了半晌道:"这或许是本世纪最大的一个科学难题。"

说着,他指了指被晨雾遮住的朝阳,语意深长地说:"你看,在大雾弥漫的时候,太阳变得像月亮一样晦暗。可是一旦迷雾排除,就能看到它的万丈光芒了。"

赫兹似有所悟,双眼迸射着光彩。

教授接着介绍了自己研究麦克斯韦理论的得失,赫兹仔细地聆听着。末了,赫尔姆霍斯转过头亲切地说:"这是一个伟大的难题,你应该去闯一闯!"

脚下的积雪发出吱吱的声响,年轻人思索了一下问道:"老师,该从哪里着手呢?"

赫尔姆霍斯拍了一下学生的肩头说:"关键在于找到电磁波!或者是你能证明电磁波永远找不到。"

"好,我试试看!"赫兹感到非常振奋。

这位年轻的德国科学家,在老师的鼓励下下定决心,要检验麦克斯韦的理论。这一天成了他一生中最重要的日子。

赫兹1857年生于汉堡一个富有的律师家庭，从小喜欢物理。六年前麦克斯韦出版《电磁通论》时，他还是一个16岁的少年，现在他居然要对这部连许多专家都不敢问津的深奥难懂的巨著进行检验。真是初生牛犊不怕虎。

千里之行，始于足下。赫兹决定从基础研究开始。

第二年，赫兹以优异的成绩结束学业，获得博士学位。10月，他被聘为赫尔姆霍斯的助教，开始对电磁学进行深入研究。

当时德国的情形和英国一样，牛顿力学的习惯势力根深蒂固，牛顿几乎成了物理学的偶像，他的观点很少有人怀疑。麦克斯韦的理论否定了旧的传统观念，对物质世界作了崭新的描绘，无疑是带有叛逆性的。所以在德国，电磁理论起初也是被当作异端学说的。

赫兹并不迷信旧学说，也不盲从新学说。

他希望作出客观的评价。

几年间，他深入研究了各种观点，进行了大量的比较、鉴别。最后，他确信麦克斯韦的理论比各种旧的理论更具有生命力。这位青年物理学家在一篇论文中写道："假使在通常的体系和麦克斯韦的体系当中仅能选择一个，那么后者无疑是占优势的。"

可是，茫茫苍穹，要寻找这看不见、摸不着，而且不知是否存在的电磁波，真是一个神秘的难题呵！

该从哪里入手呢？

正当赫兹在探索中徘徊时，他读到了爱尔兰教授菲茨杰拉德的一篇论文。这位教授提出了这样一个推论：如果麦克斯韦理论正确，那莱顿瓶振荡放电时就可以辐射出电磁波。实际上，麦克斯韦本人在访问欧洲大陆时，也曾经朦胧地意识到这一点。菲茨杰拉德的推论启发了赫兹。

莱顿瓶在一般的电学实验室都有，使用简单而普遍，但是问题的关键是怎样才能侦测到电磁波呢。

当然，这同样是一个难题。

莱顿瓶放电的火花很短暂，可以说是转瞬即逝。如果它真能辐射出电磁波，也是很难捕捉的，即使检测出来，肉眼也不易觉察。

赫兹

菲茨杰拉德提出他的推断，只是当作一种理论上的假设。赫兹，这位勇于探索的年轻人，却一直立足于寻找电磁波，他立即行动起来。

经过反复实验，赫兹终于发明了一种探测电磁波的电波环。这时他在德国西南边境的卡尔斯鲁厄大学担任物理教授，刚结婚不久。

这是一个结构十分简单却非常有效的电磁波探测器。他把一根粗铜线变成环状，环的两端有两个小金属球，球间距离可以调整，电波环就做成了。这种简单的仪器连五岁的孩子都会做，但能想到用它来探测电磁波，实在是个天才！

赫兹用这种电波环开始实验。

他先给莱顿瓶充上电，并把电波环置于附近某一位置。一切准备就绪后，再通过一个金属隙让莱顿瓶放电。在一瞬间，电荷通过金属隙闪现出火花。

赫兹期待着，在莱顿瓶放电的一刹那间，电波环的两个小金属球间会有火花闪现，这就意味着检测到电磁波了。他眼睁睁地盯着电波环，可是什么也没有发现。

"也许是我刚才眨眼睛了？"他搔了搔头。

赫兹重复做了一次实验。莱顿瓶放电时，他目不转睛地盯着电波环的小金属球，结果仍然是什么也没有发现。

赫兹开始意识到，问题并不像他想象的那样简单。

莱顿瓶的火花
laidunpingdehuohua

一个星期后,赫兹继续实验。他反复改变电波环和莱顿瓶之间的距离,照样没有发现电磁波。

这是为什么呢?青年科学家感到很困惑。

一连好几天,他吃不下饭,睡不着觉。妻子伊丽莎白看见他常常对着莱顿瓶发愣,心中有些不安。一个闷热的夜晚,妻子把赫兹硬从实验室里拖出来,陪他到河边散心。当时正值初夏,河岸上绿树成荫,花草繁茂。赫兹同妻子在菩提树下缓缓地漫步。

无意间,他看见河边有许多小亮点在飘游,不由停住了脚步。

"这火花哪里来的?"他像是自言自语,又像在问妻子。

伊丽莎白忍不住笑起来,打趣道:"你真是想火花想入迷了,这是萤火虫!"

"噢,萤火虫?白天怎么没看见呢?"

"白天?白天你怎么看不见星星呢?"妻子嗔怪地回敬了他一句。

"对,应该在黑暗中实验!"赫兹好像发现了新大陆,撒腿就往回跑。待伊丽莎白反应过来时,他已消失在暮色中。

妻子又好气,又好笑,只好一个人朝家里走去。她回到家推开门,发现丈夫正用床单遮窗户,忙得浑身都是汗。

女主人双手握在胸前,吃惊地喊道:"我的上帝!你着了什么魔呀?"

赫兹抹了一把脸上的汗,解释说他正在布置暗室。

"天已经黑了,还用得着遮窗户吗?你不怕热,我可怕热。"妻子温和地抗议道。

"不，亲爱的，要绝对黑暗。再说，要让萤火虫飞进来就麻烦了。"

赫兹振振有词地说服了妻子。待他把书房变成暗室后，就开始进行实验。伊丽莎白好奇地站在一旁观看。

莱顿瓶、电池、电波环都在桌子上摆好了。赫兹先给莱顿瓶充上电，然后把电波环放在一个显眼的位置上。

"把蜡烛全部吹熄！"赫兹发出最后指令。伊丽莎白照着做了，房间里顿时一团漆黑，只能闻到蜡烛熄灭时散出的味道。

赫兹连续实验，不断调整着电波环的位置……

黑暗中，一团耀眼的火花再一次从莱顿瓶上迸射出来，几乎同时，离这火花约一米远处，出现了一束很小的亮光，像萤火虫一样闪烁着！它的亮度太微弱了，眼力稍差，即使在黑暗中也很难发觉。

赫兹的心急剧跳动起来。天哪！这微弱的亮光出现的位置，不是恰好在电波环的两个小球之间么！

"啊，电磁波！"赫兹大叫了起来。这就是人们怀疑和期待已久的电磁波！一股狂喜的暖流顿时传遍了他的周身……

为了慎重起见，赫兹把实验重复了几次。一点也没错！只要电波环的位置合适，在莱顿瓶放电时，电波环两个小球间就有亮光闪现。这表明：正是莱顿瓶放电时辐射的电磁波被电波环所接收，从而激发出电火花。

这个夜晚，是赫兹一生中最幸福的时刻。实验一直进行到次日凌晨，当结果确凿无疑时，夫妻俩才去休息。

赫兹兴奋得一直合不上眼，他躺在床上，浮想联翩。他想起柏林大学那个难忘的初冬早晨，老师的鼓励至今还在耳边回荡。八九年间，他进行了多少努力，又遇到过多少困难！如今，终于驱散了遮住太阳的浓雾，麦克斯韦理论的光芒，将被世界上所有的人看到……

让电磁波传遍世界
rangdianbochuanbianshijie

赫兹不愧是一位巧夺天工的实验家。

紧接着,他用辐射更强的高压感应线圈代替莱顿瓶,进行了一系列新的实验。从这位青年科学家的实验室里,捷报一个接一个地传出来——

电磁波射到大型金属板上时,会发生明显的反射!

电磁波通过硬沥青制成的三棱镜时,会发生折射!

电磁波还具有衍射、偏振等光波所具有的所有特性!

所有的这一切,令人信服地证明了电磁波的存在,也证明了光就是一种电磁波。于是,麦克斯韦的天才预言,在26年后终于被同样天才的实验所证实。它比海王星的发现更令人惊叹!

1888年,赫兹公布了自己的发现。

惊人的消息,立即轰动了全世界。由法拉第开创,麦克斯韦总结的电磁理论,到这时才取得决定性的胜利,得到了社会的承认!

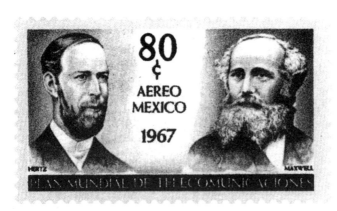

赫兹和麦克斯韦(墨西哥发行的纪念邮票)

一个历史性的巧合是,这一年赫兹恰好与麦克斯韦预见电磁波时一样,同样是31岁。麦克斯韦这时已去世9年,可惜他未能等到这一天。但是,他的伟大遗愿却终于实现了。历史最终证明了他是个天才！

电磁波像春风一样吹遍了全球。世界上许多著名实验室，都争先恐后地重复着赫兹的实验。1891年有位英国学者曾感叹道："三年前一点电磁波也没有，现在遍地都是电磁波了！"

一些有远见的科学家，看出赫兹这一发现蕴含着某种巨大的实用价值。工程界人士对这一点更加敏感。

赫兹发现电磁波后的第二年，收到一位朋友的来信，询问他可不可以利用电磁波来进行通信联系。这位朋友是一位工程师，名叫胡布尔。这个问题提得正在火候上。

赫兹当时还没有预料到他的发现将导致一门崭新的技术——无线电的诞生。作为一位物理学教授，他和麦克斯韦一样，主要是从事理论研究的。他探测电磁波的目的，是为了检验麦克斯韦的电磁理论，对于电磁波的实用价值，他还来不及考虑。所以，他在给胡布尔的回信中说："如果要用电磁波进行信息传递，大概需要一面像欧洲大陆那样大的反射镜才行。"

事实上，事物的发展远远超过了赫兹的估计。

仅仅三五年间，各国就相继涌现出许多研究用电波传递信息的人，而且取得了可喜的进展。

第一个捷报来自法国。1890年，一位名叫布冉利的物理学家发明了一种灵敏度更高的金属屑检波器，在140米以外探测到了电磁波信号。

紧接着，1894年，英国皇家学会会员洛奇改进了布冉利的装置，在几百米距离上用电磁波传递了莫尔斯电码。

与此同时，远在太平洋的新西兰岛上，一个来自农村的大学生卢瑟福也在埋头实验。这个身材高大的年轻人发明了一种新型的电波检测器，并因此获得物理学学士学位，引起国内外科学界的关注。许多人认为他是最有希望的无线

麦克斯韦

电发明家。

美洲大陆也不甘落后。一位才华横溢的南斯拉夫人台思拉，在纽约发表了一篇关于电磁波接收的调谐原理的论文，他还用无线电波启动了远处的电灯开关。

布冉利、洛奇、卢瑟福、台思拉，和一批又一批后继者投入到探索无线电的行列，他们沿着法拉第、麦克斯韦、赫兹开辟的道路奋勇前进，形成了一支浩浩荡荡的大军。

赫兹在 1892 年得了颚骨感染症，起初被医生误诊，后来病情变得很严重，做了多次手术都失败了。1894 年 1 月 1 日，赫兹不幸死于败血症，终年不到 37岁。整个科学界都为他的早逝而惋惜。赫尔姆霍斯致悼词时叹息道："神太嫉妒他了，因而将他带走。"

赫兹的发现为无线电发明家们登上舞台吹响了号角，他把从麦克斯韦手中接过的火炬，传给了更多的人。

在这场伟大的科学长征中，最后将麦克斯韦的理想变成现实的是马可尼和波波夫。

1895 年春天，年轻有为的卢瑟福获得奖学金到英国剑桥大学深造。他来到麦克斯韦创建的卡文迪许实验室，当时实验室由著名原子物理学家约瑟夫·汤姆逊主持。富有戏剧性的是，卢瑟福进剑桥后并没有成为无线电发明家，在汤姆逊的引导下，他的精力和智慧转向了微观领域，最终成为 20 世纪最伟大的原子核物理学家。

就在这一年春天，另一颗新星升起来了。

他就是俄国科学家、33 岁的波波夫。1895 年 5 月 7 日，波波夫在彼得堡的一次科学会议上，当众演示了他发明的无线电接收机。这台接收机首次使用了垂直天线，这是一个新的发展。第二年 3 月 24 日，波波夫和助手在俄国物理化

波波夫

学协会的年会上,正式演示了传送莫尔斯电码的无线电信号。通信距离250米,报文为"Heinrich Hertz"(海因里希·赫兹)。

这份电报电文虽然很短,却具有重大的历史意义。因为,这是世界上第一份有明确内容的无线电报。它是人类通信史上一个新的里程碑。

三年之后,意大利青年发明家马可尼后来居上,超过了波波夫。他成功地实现了英法海峡两岸的无线电报联络,不久又使通信距离突破了100千米,使刚刚诞生的无线电显露出蓬勃的生机。

20世纪的第一个春天来到了,仅仅在五年前,公众心目中的无线电还是一种不可思议的幻想,曾几何时,人们就能在100千米远的海上、空中,自由地进行无线电联络,这真是一个科学的奇迹!

100千米,在当时的人们看来,已足够远了。可是马可尼并不满足,他大胆地提出要让无线电信号传过浩瀚无边的大西洋。许多人都认为这是难以实现的,马可尼却充满信心,就像麦克斯韦当年预见电磁波一样。

经过一系列艰难的努力和大量的准备工作,1901年12月12日,关键的时刻到来了。

马可尼在北美洲纽芬兰的实验站里指挥着实验。经过一阵焦急的等待,大约到中午时

马可尼

分，接收机电键突然发出咔嗒声，表明有信息来了！马可尼立即抓起听筒，紧张地聆听。

千真万确！这就是来自大西洋彼岸的信号——嘀、嘀、嘀，三个微小而清晰的声音在马可尼耳畔响起，这相当于莫尔斯码信号的三个"点码"，即"S"字母。

马可尼太激动了，几乎不相信这是事实。他把听筒递给身旁的助手肯普说："肯普先生，你听听有什么没有？"肯普接过听筒，兴奋地贴在耳朵上。几秒钟之后，他大喊起来："是他们的信号，是的！三点短码！"

从遥远的发射台发来的莫尔斯码信号，越过 3200 千米宽的大西洋，被清晰地接收到了！此刻，马可尼抬起头来，望了望空中随风翱翔的天线风筝，眼睛里闪现出快乐的光芒……

啊，麦克斯韦预见的电磁波征服了大海，传遍了全世界！

划时代的电磁理论，终于开花、结果。短短几十年间，无线电报、广播、无线电话、导航、传真、电视、雷达以及无线电遥控、遥测、遥感、卫星通信等新技术，像雨后春笋般涌现出来。人类从此进入电子技术的新纪元！

饮水思源，人们永远怀念"电波之父"——麦克斯韦。

麦克斯韦雕像（爱丁堡皇家学会立）

附:

麦克斯韦生平简历

1831 年 11 月 13 日出生在苏格兰古都爱丁堡印度街 14 号。父亲约翰·克拉克·麦克斯韦是位律师,对科学技术十分热心。

麦克斯韦幼年时随父母住在乡下的格伦莱庄园,在那里度过了幸福的童年。

1834 年 3 岁时,麦克斯韦用椭圆形铁皮反射阳光,欢呼"我捉住了太阳"。

麦克斯韦从小好问问题,经常问住大人。

1839 年 母亲弗朗西斯笃信宗教,爱好古典文学,对麦克斯韦产生了深远影响。麦克斯韦对古典文学十分热爱,8 岁时就能背诵《圣经·旧约》里的诗篇"天主的律法赞"。

12 月,母亲因患腹腔癌医治无效,不幸去世。

1840 年 珍妮姨妈搬到格伦莱庄园,照顾麦克斯韦。

暑假时麦克斯韦和表姐吉米玛一起制作科学玩具"转动的魔盘"。

1841 年 10 岁时,反抗家庭教师的粗暴教育,父亲辞退了家庭教师。

11 月,父亲送麦克斯韦进入爱丁堡中学读书。他浓重的乡下口音和父亲为他缝制的土里土气的衣服,招到同班同学的嘲笑,大家暗中称他为"傻瓜"。

1843 年 春天,父亲带他去爱丁堡皇家学会,参观法拉第的电磁感应发电机。

麦克斯韦从此变成一个小电学迷,开始钻研有关电磁方面的知识。

1844 年 一次学校举行数学和诗歌比赛,麦克斯韦同时获得两个科目的最高

133

麦克斯韦

奖,成了全校最拔尖的学生。

1845 年　14 岁,麦克斯韦用几何作图法画出了蛋形曲线。

1846 年　6 月,在《爱丁堡皇家学会学报》上发表了一篇数学论文,题目为《关于蛋形曲线及多焦点曲线的绘制》,被誉为"少年数学家"。

麦克斯韦结识了格拉斯哥大学青年教授汤姆生,即后来的开尔文勋爵。

1847 年　9 月,进入爱丁堡大学学习,专攻数学、物理。在福布斯教授影响下,得到了良好的科学素养训练。他的博学和聪明赢得了同学们的好评。

1849 年　在《爱丁堡皇家学会学报》上发表了一篇关于分析几何的论文《论滚动曲线》,这篇论文论证了几十种复杂的滚动曲线,充分显示出他驾驭复杂数学问题的才能。

2 月 19 日,这篇论文在爱丁堡皇家学会上宣读。

1850 年　10 月,进入剑桥大学圣彼得学院深造,不久又转入三一学院。

1851 年　春天,以最优异的成绩获得史密斯奖金。

成为著名教授霍波金斯的学生。经过名师指点,他进步很快,不出三年就掌握了当时所有先进的数学方法,成为一名有影响的青年数学家。

1853 年　汤姆生发表了重要论文《瞬变电流》,提出带电体震荡放电的思想。

1854 年　麦克斯韦完成了剑桥大学学业,参加了数学学位考试,获得甲等优秀生第二名的好成绩。

完成了《色彩实验和眼睛视觉》的论文。

研读法拉第的巨著《电学实验研究》,决心投入电学研究。

写信向汤姆生求教电磁研究问题。汤姆生回信毫不保留地把自己的研究成果告诉了麦克斯韦,并鼓励他后来居上。

1855 年　麦克斯韦发表了《法拉第的力线》的论文,通过数学方法把法拉第关于电流周围存在磁力线的这一思想，成功地概括为一个数学方程。这篇重要论文在剑桥大学哲学学会上宣读。

麦克斯韦把论文寄给法拉第，法拉第回信称赞他的论文成功地解读了磁力线。

1856 年　4 月 3 日，父亲不幸去世。

秋天，麦克斯韦被任命为阿伯丁马锐斯凯尔学院的自然哲学教授。

他完成了一篇题目为《土星的光环》的论文，成功地运用数学物理方法，论述了土星光环是由一群离散的小物体构成的。27 岁的麦克斯韦因此获得亚当斯奖。

1857 年　赫兹生于德国汉堡一个富有的律师家庭。

1858 年　麦克斯韦与马锐斯凯尔学院院长的女儿凯塞琳结婚。

1860 年　马锐斯凯尔学院与皇家学院合并，成立了阿伯丁大学，麦克斯韦却失去了教授职位。

参加竞争爱丁堡大学自然哲学教授席位，因名列第三而落选。

初夏，经法拉第推荐，被任命为伦敦皇家学院教授。

拜访法拉第，这在科学史上是一次具有历史意义的会晤。

1862 年　在《哲学杂志》上发表了一篇《论物理的力线》论文。

1865 年　完成了第三篇电磁学论文《电磁场动力学》，在《伦敦皇家学会学报》上发表。这篇论文第一次完整地阐述了麦克斯韦的电磁场理论。

离开伦敦皇家学院，回到故乡格伦莱，继续深入研究数学及物理学问题，其间与汤姆生、泰特和其他朋友有频繁的书信来往，并定期去伦敦和剑桥大学进行学术交流。

1867 年　去法国、意大利、德国、荷兰，同欧洲许多一流的科学家进行交流。

1868 年　夏末，麦克斯韦回国。开始潜心写作电磁学理论专著。

1871 年 3 月,被任命为卡文迪许实验室物理学教授,负责设计并建成了这所著名的实验室,在这里工作了 8 年。

1873 年 《电磁通论》出版,这是他几十年心血的结晶,也是人类对电磁现象探索研究的系统总结。在这部巨著中,麦克斯韦大胆地预言了电磁波。

1876 年 出版了《物质与运动》一书。

1877 年 出版了《热理论》一书,这是他的又一部力作。

1879 年 11 月 5 日逝世,年仅 48 岁。

初冬,德国柏林科学研究院颁布了一项科学奖金,获奖条件为麦克斯韦理论的部分证明。

1880 年 赫兹从柏林大学毕业,开始深入研究电磁学。

1888 年 赫兹发现了电磁波,从而证明了麦克斯韦的电磁理论,并导致了一门崭新的技术——无线电的诞生。

之后短短几十年间,无线电报、广播、无线电话、导航、传真、电视、雷达以及无线电遥控、遥测、遥感、卫星通信等新技术,像雨后春笋般涌现出来。人类从此进入电子技术的新纪元!